AF126555

Jan Felix Köbbing, Markus Groth und Goddert von Oheimb

Klimaschutz durch Moorrenaturierung: Ansätze zur ökonomischen Bewertung

Jan Felix Köbbing
Ernst-Moritz-Arndt Universität Greifswald
Institut für Botanik und Landschaftsökologie
Gruppe Landschaftsökologie und Ökosystemdynamik/ Landschaftsökonomie
Grimmer Str. 88
17487 Greifswald
Email: Jan.Koebbing@stud.uni-greifswald.de

Dr. Markus Groth
Helmholtz-Zentrum Geesthacht
Zentrum für Material- und Küstenforschung GmbH
Climate Service Center (CSC)
Abteilung Ökonomie und Politik
Chilehaus, Eingang B
Fischertwiete 1
20095 Hamburg
Email: Markus.Groth@hzg.de

apl. Prof. Dr. Goddert von Oheimb
Leuphana Universität Lüneburg
Fakultät Nachhaltigkeit
Institut für Ökologie
Scharnhorststraße 1
21335 Lüneburg
Email: vonoheimb@uni.leuphana.de

Jan Felix Köbbing, Markus Groth und Goddert von Oheimb

KLIMASCHUTZ
DURCH MOORRENATURIERUNG

Ansätze zur ökonomischen Bewertung

ibidem-Verlag
Stuttgart

Bibliografische Information der Deutschen Nationalbibliothek
Die Deutsche Nationalbibliothek verzeichnet diese Publikation in der Deutschen Nationalbibliografie; detaillierte bibliografische Daten sind im Internet über http://dnb.d-nb.de abrufbar.

Bibliographic information published by the Deutsche Nationalbibliothek
Die Deutsche Nationalbibliothek lists this publication in the Deutsche Nationalbibliografie; detailed bibliographic data are available in the Internet at http://dnb.d-nb.de.

Coverabbildung: © Axel Heuting / PIXELIO

∞

Gedruckt auf alterungsbeständigem, säurefreien Papier
Printed on acid-free paper

ISBN-13: 978-3-8382-0359-1

© *ibidem*-Verlag
Stuttgart 2012

Alle Rechte vorbehalten

Das Werk einschließlich aller seiner Teile ist urheberrechtlich geschützt. Jede Verwertung außerhalb der engen Grenzen des Urheberrechtsgesetzes ist ohne Zustimmung des Verlages unzulässig und strafbar. Dies gilt insbesondere für Vervielfältigungen, Übersetzungen, Mikroverfilmungen und elektronische Speicherformen sowie die Einspeicherung und Verarbeitung in elektronischen Systemen.

All rights reserved. No part of this publication may be reproduced, stored in or introduced into a retrieval system, or transmitted, in any form, or by any means (electronical, mechanical, photocopying, recording or otherwise) without the prior written permission of the publisher. Any person who does any unauthorized act in relation to this publication may be liable to criminal prosecution and civil claims for damages.

Printed in Germany

Inhaltsverzeichnis

Abbildungs- und Tabellenverzeichnis

Abkürzungsverzeichnis

Abb.	Abbildung
Abs.	Absatz
Anm.	Anmerkung
Art.	Artikel
BMU	Bundesministerium für Umwelt, Naturschutz und Reaktorsicherheit
BMBF	Bundesministerium für Bildung und Forschung
BPP	Bruttoprimärproduktion
CBA	Cost-Benefit-Analysis
CDM	Clean Development Mechanism
CH_4	Methan
CO	Kohlenstoffmonoxid
CO_2	Kohlenstoffdioxid
$CO_{2\text{-äq}}$	Kohlenstoffdioxid-Äquivalent
COP	Conference of the Parties
CVM	Contingent Valuation Method
DBU	Deutsche Bundesstiftung Umwelt
dLUC	direct land-use change
DUENE	Institut für Dauerhafte Umweltgerechte Entwicklung von Naturräumen der Erde
ENIM	Energiebiomasse aus Niedermooren
ETS	European Trading System
EU	Europäische Union
FAL	Bundesforschungsanstalt für Landwirtschaft
fm	Festmeter
GAP	Gemeinsame Agrarpolitik

GEST	Treibhaus-Gas-Emissions-Standort-Typen
Gt	Gigatonne
GTZ	Gesellschaft für technische Zusammenarbeit
ha	Hektar
Hrsg.	Herausgeber
ibid.	ibidem (das selbe)
IEA	Internationale Energieagentur
IKZM	Integriertes Küstenzonenmanagement
iLUC	indirect land-use change
IPCC	International Panel on Climate Change
JI	Joint Implenentation
KNA	Kosten-Nutzen-Analyse
lat.	lateinisch
lfd.	laufend
LUC	Land-use change
LULUCF	Land-use, land-use change and forestry
Mio.	Millionen
N_2O	Distickstoffmonoxid (Lachgas)
NPP	Nettoprimärproduktion
o.J.	ohne Jahr
OECD	Organisation for Economic Co-operation and Development
ppm	parts per million
REDD+	Reducing emissions from deforestation and forest degradation and the role of conservation, sustainable management of forests and enhancement of forest carbon stocks in developing countries
SRU	Sachverständigenrat für Umweltfragen
Tab.	Tabelle

TEEB	The Economics of Ecosystems and Biodiversity
TEV	Total Economic Value
TM	Trockenmasse
TÖB	Tropenökologisches Begleitprogramm
UBA	Umweltbundesamt
UNEP	United Nations Environment Programme
UNFCCC	United Nations Framework Convention on Climate Change
VER	Verified oder Voluntary Emission Reduction
Verf.	Verfasser
WBGU	Wissenschaftlicher Beirat der Bundesregierung globale Umweltveränderungen
WTA	Willingness to accept
WTP	Willingness to pay

1. Einleitung

Moore gehören zu den bedeutendsten Kohlenstoffspeichern der Erde. Ob-
wohl sie lediglich etwa 3% der Landoberfläche bedecken (ca. 4,8 Millionen
(Mio.) km^2), betragen die in ihnen festgelegten Vorräte an Kohlenstoff 430
bis 550 Gigatonnen (Gt) (Beese et al. 1998). Das entspricht etwa einem
Drittel des insgesamt in Böden vorhandenen Kohlenstoffs (SRU 2008).
Diese Vorräte sind das Ergebnis über Tausende von Jahren ablaufender
Akkumulationsprozesse, und weisen Moore als eine der wichtigsten terrest-
rischen Senken[1] für Kohlenstoffdioxid (CO$_2$) aus.

Moore sind weltweit verbreitet, jedoch befinden sich 80% der Moorfläche
in den gemäßigten und kalten Klimazonen. Der Anteil der Moorareale an
der deutschen Gesamtfläche betrug ursprünglich 4,2%, dieser Flächenanteil
ist allerdings infolge Jahrhunderte langer nicht nachhaltiger[2] Nutzung stark
zurückgegangen (Joosten o.J. (a)).

Durch anthropogene Beeinflussung, zumeist in Form landwirtschaftlicher
Nutzung, kommt es zur Störung der natürlichen Kohlenstoffsenke Moor
und zu weltweiten Treibhausgas-Emissionen in der Größenordnung von
2.000 bis 3.000 Mio. Tonnen CO$_2$ jährlich[3] (Joosten und Couwenberg
2009; Parish et al. 2008). In Deutschland entfallen 30% der Treibhausgas-
Emissionen der gesamten Landwirtschaft und 3,7% der gesamtwirtschaftlichen Treibhausgas-Emissionen auf die Entwässerung und landwirtschaftliche Nutzung von Moorflächen (Hirschfeld et al. 2008). Damit trägt die

---

[1] Senke bezeichnet „einen Vorgang, eine Tätigkeit oder einen Mechanismus, durch die ein
Treibhausgas, ein Aerosol oder eine Vorläufersubstanz eines Treibhausgases aus der
Atmosphäre entfernt wird" (UNFCCC o. J.: Art. 1, Abs. 8).

[2] Nachhaltig wird hier im Sinne des Brundtland-Berichts verstanden: Es ist eine „dauerhafte
Entwicklung die die Bedürfnisse der Gegenwart befriedigt, ohne zu riskieren, daß zukünftige
Generationen ihre eigenen Bedürfnisse nicht befriedigen können" (Hauff 1987: 46).

[3] Zum Vergleich: laut Umweltbundesamt (UBA 2009) lagen die deutschen Gesamt-
Treibhausgas-Emissionen 2008 bei 832 Mio. t CO$_2$ (ohne Landnutzung,
Landnutzungsänderung und Forstwirtschaft).

Moorzerstörung in einem Ausmaß zum anthropogenen Treibhauseffekt bei, der bislang sowohl in der öffentlichen Wahrnehmung nicht ausreichend bekannt ist als auch auf der politischen Agenda zu wenig Berücksichtigung findet.

Über ihre Funktion als Kohlenstoffsenke hinaus stellen Moore zahlreiche weitere für den Menschen wichtige Leistungen – so genannte Ökosystemdienstleitungen[4] – zur Verfügung. Dies sind beispielsweise der Arten- und Biotopschutz, die Regulierung des Wasserhaushalts, die Senkenfunktion für atmogene Schadstoffe (insbes. Stickstoffverbindungen) und die Erholungsfunktion (Niedersächsisches Umweltministerium 2002; Wagner und Wagner 2003). Diese Ökosystemdienstleistungen besitzen einen hohen ökonomischen Wert für die Gesellschaft, ihre langfristige Bereitstellung kann jedoch durch anthropogene Eingriffe gefährdet sein. Dabei hat sich gezeigt, dass die Erhaltung von Ökosystemdienstleistungen ganz überwiegend deutlich kostengünstiger ist als ihre Wiederherstellung (MEA 2005; Sala und Peruelo 1997; SRU 2009; TEEB 2010). Eine nicht-nachhaltige Nutzung im Bereich der Moore resultiert vor allem daraus, dass viele Ökosystemdienstleistungen der Moore den Charakter so genannter „Öffentlicher Güter" haben. Dies beschreibt Güter, denen nicht oder nur sehr schwer Verfügungsrechte zugeordnet werden können, weshalb sie nicht auf Märkten gehandelt werden (Baumgärtner und Becker 2008). Eine Konsequenz daraus kann eine Übernutzung dieser Ressourcen oder ihre zu geringe Bereitstellung sein.

---

[4] "... the benefits people obtain from ecosystems. These include provisioning services such as food and water; regulating services such as regulation of floods, drought, land degradation, and disease; supporting services such as soil formation and nutrient cycling; and cultural services such as recreational, spiritual, religious and other nonmaterial benefits" (MEA 2005: V).

Die Auswirkungen einer solchen Nicht-Einbeziehung in Märkte lassen sich am Beispiel der Moore klar erkennen. Aufgrund rein betriebswirtschaftlicher Abwägungen – in diesem Fall zumeist der Landwirte – werden die ökologischen Funktionen der Moore in zu geringem Maße bereitgestellt oder sogar zerstört (Vogel 2002).

„Werden Niedermoore durch eine Wiedervernässung saniert und wird langfristig die Senkenfunktion wieder hergestellt" (Schäfer und Degenhardt 1999: 350), können diese ökologischen Leistungen, besonders die Kohlenstofffestlegung, wieder erbracht werden. CO_2-Vermeidungskosten, die möglicherweise in anderen Sektoren der Volkswirtschaft anfallen, können so eingespart werden (Schäfer 2010).

Ein wichtiges umweltpolitisches Ziel besteht beispielsweise darin, eine effiziente und effektive Honorierung von Ökosystemdienstleistungen zu erreichen, indem mithilfe bestimmter umweltökonomischer Bewertungsverfahren versucht wird, auch die nicht auf Märkten gehandelten Leistungen von Ökosystemen zu erfassen, monetär zu bewerten und bei der Abwägung der Durchführung politischer Maßnahmen zu berücksichtigen. Für Moorstandorte befinden sich eine Bewertung und insbesondere eine Honorierung von Ökosystemdienstleistungen allerdings noch in den Anfängen.

Trotz der bisher schwierigen ökonomischen Rahmenbedingungen sollten aufgrund der deutlichen Klimarelevanz möglichst unverzüglich Konzepte und Instrumente zum Schutz und zur nachhaltigen Nutzung beziehungsweise zur Renaturierung[5] von Mooren ausgearbeitet und umgesetzt werden. Ein umfassender Moorschutz beruht in aller Regel darauf, die Moore in ihrem natürlichen Zustand zu erhalten (Timmermann et al. 2009). Eine Renaturierung anthropogen überformter Moorstandorte ist darauf gerichtet,

---

[5] Für eine Definition und Abgrenzung der Begrifflichkeiten Renaturierung, Restaurierung Restitution, Revitalisierung und Sanierung siehe Zerbe et al. (2009).

den Wasser- und Nährstoffhaushalt so zu stabilisieren oder zu entwickeln, dass Torfwachstum wieder möglich ist (Dierßen und Dierßen 2008; Timmermann et al. 2009). Für eine Abschätzung der Rentabilität einer solchen Wiederherstellung gegenüber anderen Maßnahmen ist der Nutzen gegenüber den Kosten abzuwägen (Marggraf und Streb 1997). Dafür wäre grundsätzlich eine umfassende und ökologisch erweiterte Kosten-Nutzen-Analyse (KNA)[6] notwendig, welche aber aufgrund einer mangelnden Datenverfügbarkeit momentan nicht realisierbar ist. Als pragmatische Alternative kann stattdessen eine Kosten-Effizienz-Analyse durchgeführt werden (Eberts 2004). Sie setzt die monetären Kosten eines Projektes beispielsweise zu den eingesparten Treibhausgas-Emissionen in Beziehung. Doch auch hierfür muss zunächst eine solide Datengrundlage vorhanden sein.

Dieses Buch erarbeitet die Grundlagen, um mit Hilfe einer Kosten-Effizienz-Analyse zu ermitteln, welche Möglichkeiten, Potenziale und Grenzen die Renaturierung von Niedermooren bietet. Zu diesem Zweck werden grundlegende Fragen für zukünftige Renaturierungsprojekte geklärt, der derzeitige Wissensstand zusammengefasst und Hilfestellungen für den Umgang mit einer Kosten-Effizienz-Analyse bereitgestellt. Die Untersuchungen stützen sich dabei schwerpunktmäßig auf den ALNUS-Leitfaden von Barthelmes et al. (2005) aus dem Projekt „Renaturierung von Niedermooren durch Schwarzerlenbestockung". Dieses Praxisbeispiel verdeutlicht Relevanz, Probleme und Möglichkeiten, die mit einer Erfassung ökologischer Leistungen in einem unperfekten Markt einhergehen und trägt damit zu einer Annäherung an eine Lösung bei.

Das Buch ist wie folgt aufgebaut. Zu Beginn werden in Kapitel 2 aktuelle klimapolitische Herausforderungen skizziert. Auf die Ökosystemfunktionen von Mooren, auf die Entwicklung der Niedermoornutzung in Europa

---

[6] Engl. Cost-Benefit-Analysis (CBA), siehe dazu z.B. Gans und Marggraf (1997) oder Marggraf und Streb (1997).

und im Besonderen auf ihren Zustand in Deutschland wird im dritten Kapitel eingegangen. In Kapitel 4 werden die ökonomischen Gründe, die zu einer nicht-nachhaltigen Moornutzung führen, dargelegt und, daran anschließend, die Stoffbilanzen von Niedermooren in den Stadien natürlicher Zustand, anthropogene Nutzung und nach der Renaturierung eingehend untersucht. Der Fokus liegt dabei auf den für den Treibhauseffekt relevanten Spurengasen. Im fünften Kapitel werden das Fallbeispiel der Schwarzerlenaufforstung auf Niedermooren vorgestellt und die zentralen Ergebnisse des ALNUS-Projektes zusammengefasst. In Kapitel 6 werden die für eine Kosten-Effizienz-Analyse entscheidenden Kosten- und Nutzenfaktoren von Renaturierungsmaßnahmen differenziert und anhand bisheriger Arbeiten mögliche Verfahren und Resultate diskutiert. Weiterhin werden hier einige wesentliche strittige Fragen und mögliche Lösungswege dargelegt, die bei einer ökonomischen und ökologischen Renaturierung von Mooren auftreten. Das Buch abschließend wird im siebenten Kapitel ein zusammenfassendes Fazit gezogen und ein Ausblick auf mögliche Entwicklungen der Moorrenaturierung in Europa gegeben.

2. Die klimapolitische Herausforderung

Seit dem Beginn der Industrialisierung wird der natürliche Treibhauseffekt durch anthropogene Einflüsse verstärkt (IPCC 2007). Insbesondere die Verbrennung nicht-regenerativer – also fossiler – Energieträger wie Kohle, Erdöl und Erdgas führen zu einer nachweisbar erhöhten Konzentration von Treibhausgasen in der Atmosphäre (Global Carbon Budget 2010). Im Jahr 2008 betrugen die globalen CO_2-Emissionen aus der Nutzung fossiler Brennstoffe 29,4 Gt, dies ist ein Anstieg gegenüber dem Jahr 1990 von rund 40%. Die atmosphärische CO_2-Konzentration lag 2009 bei 387 ppm (parts per million) und somit rund 39% über dem geschätzten Wert von 280 ppm zu Beginn der industriellen Revolution im Jahr 1750. Im Zeitraum von 2000 bis 2008 stieg die CO_2-Konzentration der Atmosphäre im Mittel um 1,9 ppm pro Jahr. Die gegenwärtige Konzentration ist die höchste im Verlauf der letzten zwei Millionen Jahre (Global Carbon Budget 2010). Aktuelle Daten zeigen, dass die durch die Nutzung fossiler Energieträger sowie die bei der Zementherstellung verursachten CO_2-Emissionen im Jahr 2010 weltweit sogar um 5,9% angestiegen sind (Peters et al. 2012). Dies ist der bislang größte gemessene Anstieg in einem Jahr. Insgesamt war der 2009 maßgeblich durch die globale Finanzkrise ausgelöste Rückgang der Treibhausgas-Emissionen um 1,4% also nur eine kleine Delle mit geringen Auswirkungen auf den langfristigen Trend eines weiter zunehmenden CO_2-Ausstoßes. Der Anstieg der CO_2-Emissionen in 2010 wurde vor allem durch die sich entwickelnden Volkswirtschaften forciert (China + 10,4% und Indien + 9,4%). Gleichwohl kam es auch in den Industrieländern zu einem mitunter deutlichen Wachstum (USA + 4,1%, Russland + 5,8% und EU-27 + 2,2%). Eine Kehrtwende dieser Entwicklungen ist derzeit ebenso wenig abzusehen wie deutliche Verbesserungen der Kohlenstoffintensität im Rahmen der weltweiten wirtschaftlichen Aktivitäten (Peters et al. 2012).

Die globale Jahresmitteltemperatur ist im Zeitraum von 1900 bis heute um ungefähr 0,8°C gestiegen (IPCC 2007). In Deutschland war seit Beginn des 20. Jahrhunderts sogar ein Anstieg um 1,1°C festzustellen. Dieser Temperaturanstieg wird auf den anthropogenen Treibhauseffekt zurückgeführt. Da zu erwarten ist, dass die globalen Emissionen von Treibhausgasen auch in den kommenden Jahrzehnten weiterhin zunehmen werden, wird eine weitere Erhöhung der globalen Jahresmitteltemperatur prognostiziert. Die Vorhersagen zum Verlauf der Klimaänderung sind mit Unsicherheiten verbunden, so dass lediglich eine Bandbreite zukünftiger Klimaänderungen angegeben werden kann. Bezüglich des Anstiegs der globalen Jahresmitteltemperatur werden – je nach zugrunde gelegtem Szenario – Werte zwischen 1,1 und 6,4°C bis zum Jahr 2100 erwartet (IPCC 2007).

Mit dem Klimawandel verbunden sind vielfältige negative Auswirkungen sowohl aus ökologischer als auch aus ökonomischer Sicht. Um diese zu erwartenden Entwicklungen einzudämmen, einigten sich die teilnehmenden Staaten der 16. Weltklimakonferenz im mexikanischen Cancún im Jahr 2010 darauf, den Anstieg der Erderwärmung zu vermindern (UNFCCC 2011). Konkretisiert wurde dieses Vorhaben durch das so genannte „2-Grad-Ziel", welches vorsieht, dass sich die Atmosphäre um nicht mehr als 2°C gegenüber dem vorindustriellen Stand von 1850 erwärmen soll. Dies würde bedeuten, dass die CO_2-Emissionen der 193 Staaten, die dieses Ziel anerkannt haben, bis 2050 insgesamt halbiert werden müssten, was für die Industrieländer wiederum eine Reduktion zwischen 80 und 95% gegenüber den heutigen Pro-Kopf-Emissionen bedeuten würde (Allison et al. 2009). Die Leitplanke „Zwei Grad" fand auch bereits Eingang in das zentrale Abschlussdokument der 15. Weltklimakonferenz in Kopenhagen („Copenhagen Accord"). Wesentliches Ergebnis der im Dezember 2011 zu Ende gegangenen COP 17 in Durban war, dass verhindert werden konnte, dass es in Zukunft keinen rechtlich verbindlichen Klimaschutz mehr geben wird. Stattdessen wurde zumindest ein gemeinsamer Fahrplan hin zu einem neuen Klimaschutzabkommen beschlossen. Demnach sollen völkerrechtlich verbindliche Ergebnisse zur Emissionsminderung bis 2015 vereinbart sein und 2020 in Kraft treten. Eine zentrale Rolle wird dabei der nun absehbaren Ausgestaltung der zweite Verpflichtungsperiode des Kyoto-Protokolls zukommen (Harmeling et al. 2012). Nächste Station des Verhandlungsprozesses ist in 2012 die COP 18 in Katar.

Mit der Einhaltung des 2-Grad-Ziels könnten die Folgen des Klimawandels sehr wahrscheinlich in einem beherrschbaren Rahmen gehalten werden. Eine Erderwärmung um mehr als 2°C würde demgegenüber sehr wahrscheinlich zu einer gefährlichen Störung des Klimasystems führen und mit beispiellosen gesellschaftlichen Herausforderungen verbunden sein (WBGU 2009). Sofern alle derzeit politisch versprochenen Maßnahmen zur Senkung des Ausstoßes von Treibhausgasen umgesetzt würden, wird die globale Jahresmitteltemperatur bis 2100 jedoch voraussichtlich um 2,6 bis 4,0°C steigen (Climate Action Tracker 2011).

Wenn die globale Erwärmung auf 2°C gegenüber vorindustriellen Werten begrenzt werden soll, müssen die weltweiten Emissionen zwischen 2015 und 2020 ihren Gipfel erreicht haben und anschließend schnell abnehmen. Sollten die Emissionen auch nach 2011 ebenso deutlich ansteigen wie bis 2010, wird es sehr unwahrscheinlich sein, dass das 2-Grad-Ziel zu erreichen ist.

Eine vor dem Hintergrund internationaler Klimaverhandlungen interessante Frage wird sein, ob und wie Moore zukünftig im Rahmen von REDD+[7]

---

[7] REDD+ steht für "Reducing emissions from deforestation and forest degradation, the conservation and enhancement of forest carbon stocks, and the sustainable management of forests". Umfassende und aktuelle weitere Informationen zu REDD+ finden sich vor allem auf den

berücksichtigt werden. Die Grundidee des REDD-Mechanismus ist zunächst, dass waldreiche Entwicklungsländer Entwaldungen und Walddegradierungen in ihrem eigenen Land vermeiden bzw. reduzieren und, im Gegenzug für nachgewiesene Emissionseinsparungen durch Waldschutz und Aufforstung, Kompensationszahlungen von Industriestaaten erhalten. Durch diese Zahlungen sollen nicht mehr zur Verfügung stehende alternative Nutzungsmöglichkeiten der betroffenen Flächen, wie zum Beispiel Abholzung und Produktion von Agrarerzeugnissen, ausgeglichen und den bestehenden Wäldern ein monetärer Wert zugewiesen werden. Ziel ist, dass es sich unter ökonomischen Gesichtspunkten lohnt, Wälder zu erhalten.

Der REDD+-Ansatz stellt eine Erweiterung von REDD dar. Danach können nicht nur Anreize für den Erhalt und die Wiederaufforstung von Wäldern als Kohlenstoffspeicher geschaffen werden, der Ansatz birgt zudem ein großes Potenzial bezüglich der Förderung einer nachhaltigen wirtschaftlichen und sozialen Entwicklung sowie eines effektiven Biodiversitätsschutzes in Tropenwaldländern. Während REDD erstmals 2005 in Montreal weltweite Beachtung fand, wurde nur zwei Jahre später, im Rahmen des „Fahrplans von Bali", dem Ergebnis des 13. Klimagipfels in Indonesien, der Grundstein für die Erweiterung zu REDD+ gelegt. Nachdem bei der Vertragsstaatenkonferenz in Kopenhagen im Jahr 2009 noch keine Vereinbarung bezüglich eines REDD+-Mechanismus erzielt werden konnte, wurde ein Jahr später in Cancún ein Maßnahmenpaket zum Regenwaldschutz in Entwicklungsländern beschlossen (Schmidt et al. 2011).

In Durban konnte für das Klimaschutzinstrument REDD+ jedoch – entgegen großer Erwartungen im Vorfeld – kein substantielles Fortkommen erzielt werden (Harmeling et al. 2012). Doch gerade hier wären maßgebliche Fortschritte notwendig gewesen, damit das Potenzial von REDD+ langfris-

folgenden Homepages: http://unfccc.int/2860.php; http://www.un-redd.org/; http://www.forestcarbonpartnership.org/fcp/ und http://www.cifor.org/.

tig sichergestellt werden kann. Diesen Erwartungen und Zielen konnten die Klimaverhandlungen bislang nicht gerecht werden. Weiterhin ist fraglich, welche Relevanz REDD+ im Rahmen der Konferenz der Vereinten Nationen für nachhaltige Entwicklung 2012 (Rio+20) zukommen wird, wie der Ansatz innerhalb der COP 18 in Katar noch zum Erfolg geführt werden kann, und welche Rolle Moore in diesem Zusammenhang spielen werden.

3. Moore als Ökosystem

3.1 Charakteristika der Moor-Ökosysteme

Moore sind Lebensräume mit einer positiven Stoffbilanz, d.h. es kommt aufgrund einer gehemmten mikrobiellen Zersetzung der abgestorbenen organischen Substanz zu einer Akkumulation mehr oder weniger stark zersetzter Phytomasse. Dieses organische Material wird als Torf[8] bezeichnet. Die Ursache für die Torfbildung liegt in der langfristigen Wassersättigung des Substrats. Moore gehören, zusammen mit Sümpfen und Marschen, zur Gruppe der Feuchtgebiete (Drösler und Veenendaal o.J.) und finden sich in 90% aller Länder weltweit (Joosten o.J. (a)).

Moore lassen sich grundsätzlich in zwei Haupttypen differenzieren: Hoch- und Niedermoore[9] (Parish et al. 2008; Timmermann et al. 2009). Daneben lassen sich anhand von Kriterien wie Nährstoffgehalt, pH-Wert, Topographie, Entwicklungsgeschichte etc. zahlreiche weitere ökologische und hydrogenetische Moortypen[10] unterscheiden (Parish et al. 2008). Hochmoore speisen sich ausschließlich aus Niederschlägen, weshalb sie oft auch als Regenmoore bezeichnet werden (Trepel 2008). Natürlicherweise ist Regenwasser in Mitteleuropa „ombrotroph", d.h. arm an Nährstoffen und mäßig sauer (Timmermann et al. 2009). Niedermoore werden von geogenen Grund-, Boden- oder Oberflächenwasserzuflüssen gespeist (Dierßen und Dierßen 2008; Timmermann et al. 2009), ihr Standort ist daher topologisch bestimmt. Der unterirdische Nährstoffaustausch von Niedermooren erstreckt sich oft über viele Kilometer, was ihnen, verglichen mit den Hochmooren, grundsätzlich eine höhere Nährstoffversorgung garantiert. Aufgrund dieser günstigeren Nährstoffversorgung weisen sie zumeist eine hö-

---

[8] Nach bodenkundlicher Definition ist Torf ein Bodensubstrat mit über 30% organischer Substanz (Trepel 2008).
[9] Hochmoor = engl. Bog, Niedermoor = engl. Fen.
[10] u. a. Durchströmungs-, Flach-, Übergangs-, Kessel-, Verlandungs-, Versumpfungs- und Quellmoor (vgl. Landesamt und Natur und Umwelt Schleswig-Holstein 2002: 8f).

here Primärproduktion[11] und eine höhere Biodiversität[12] auf (Gerken 1983; Hofmeister 2006).

Bei der Torfbildung in Mooren handelt es sich um „sedentär", d.h. an Ort und Stelle, gebildete Ablagerungen aus den unvollkommen zersetzten Resten abgestorbener Pflanzen (Succow und Stegmann 2001). Im Allgemeinen ist abgestorbene Biomasse Mineralisierungs- und Humifizierungsvorgängen ausgesetzt, die maßgeblich durch Mikroorganismen gesteuert werden (Succow und Joosten 2001). Die Zersetzungsrate hängt dabei entscheidend von den „Temperaturen, der Verfügbarkeit von Sauerstoff, der chemischen Beschaffenheit der Pflanzenreste sowie der Aktivität der Mikroorganismen ab" (Dierßen und Dierßen 2008: 48). Unter Zufuhr von Sauerstoff (aeroben Bedingungen) laufen diese Prozesse relativ schnell ab und es kommt schließlich zur Freisetzung von CO_2 (Trepel 2008). In ungenutzten Mooren hingegen sorgen geringe Sauerstoffgehalte in den wassergesättigten Böden dafür, dass diese Vorgänge, zumindest in den unteren Bodenschichten, nicht oder nur sehr verlangsamt ablaufen: „Peat accumulation only takes place when the water level is just under, at, or just over the surface" (Parish et al. 2008: 9). Weitere wichtige Faktoren, die die Torfbildung in Mooren begünstigen, sind die relativ hohen Anteile von mikrobiell schwer abbaubaren Substanzen in den abgestorbenen Pflanzenresten und ein Mangel an Bodentieren. Im Ergebnis führt dies dazu, dass „die jährliche Biomasseproduktion der Vegetation größer ist als der mikrobielle Abbau im Boden" (Trepel 2008: 63). Ein kleiner Teil der über die Nettoprimärproduktion erzeugten Biomasse (zwischen 2 und 16%) verbleibt so im Boden, wodurch

---

[11] „Die Aufnahme wird bestimmt durch die Photosynthese der Pflanzen und wird als Bruttoprimärproduktion (BPP) bezeichnet. Pflanzen weisen auch Respiration auf und die sich Netto ergebende Assimilation (Photosynthese minus Respiration) ist die Nettoprimärproduktion oder NPP" (Couwenberg et al. 2005: 5).

[12] „Biodiversity is the quantity and variability among living organisms within species (genetic diversity), between species and between ecosystems" (UNEP 2008). Die Begriffe biologische Vielfalt und Biodiversität werden im Folgenden synonym benutzt.

Moore maximal 1 mm pro Jahr in die Höhe wachsen (Timmermann et al. 2009). In den letzten Zehntausend Jahren kann dadurch der Torfkörper je nach Bedingungen zu einer Mächtigkeit zwischen 5 und 10 m angewachsen sein (Parish et al. 2008). Moore stellen somit einen natürlichen Kohlenstoffspeicher dar.

Die Fähigkeit der Moore, der Atmosphäre dauerhaft Kohlenstoff zu entziehen und zu binden, steht in den nachfolgenden Ausführungen im Mittelpunkt. Moore sind im Laufe der Jahrtausende zu Kohlenstoffsenken geworden und tragen auch heute noch weltweit zu einer Festlegung von geschätzten 150 bis 250 Mio. Tonnen CO_2 im Jahr bei (Joosten o.J. (a)). Bei ungestörten Niedermooren werden laut Schwill (2003) 200 bis 300 kg Kohlenstoff Hektar (ha)$^{-1}$ a^{-1} festgelegt. Mooren kommt daher unbestritten eine Klimaregulationswirkung zu. Sie trugen und tragen erheblich dazu bei, die heute insbesondere in Europa noch weitestgehend günstigen klimatischen Bedingungen zu schaffen (Joosten o.J. (a)). Menschliche Eingriffe in dieses „Akkumulationsökosystem" (Timmermann et al. 2009: 55), zumeist in Form landwirtschaftlicher Nutzung, führen hingegen zu einer Umwandlung in ein „Freisetzungsökosystem" (ibid.: 55) (vgl. Kap. 4.2).

3.2 Status quo der Moore in Europa und Deutschland

3.2.1 Moore in Europa

„Von allen Ökosystemtypen Mitteleuropas sind es die Moore, die am längsten als Wildnis überdauert haben" (Timmermann et al. 2009: 59f). Aufgrund ihrer beschränkten Zugänglichkeit wurden sie erst seit dem 17. Jahrhundert durch den Menschen nutzbar gemacht (Konold 2005).

Ursprünglich als Ödland angesehen, dessen einziger Zweck es war, als Reservoir für Heiz- oder Baumaterial zu dienen (Dierßen und Dierßen 2008), wurden sie, nachdem große Teile der europäischen Waldflächen in Agrarland umgewandelt worden waren, zu landwirtschaftlichen Zwecken entwässert (Timmermann et al. 2009). Hampicke (2005) betont, dass es sich hierbei keinesfalls um eine mutwillige Zerstörung gehandelt hat, sondern um eine Lebensnotwendigkeit aus der Erfordernis heraus, zusätzliche Flächen für die landwirtschaftliche Nutzung zu erschließen.

Groß angelegte Moorentwässerungen wurden während des Zweiten Weltkrieges durch Einsatz von Kriegsgefangenen sowie nach Kriegsende in den Zeiten des „Wirtschaftwunders" durchgeführt (Succow 2001). Erst zu diesem Zeitpunkt setzte durch die „totale Intensivierung" eine irreparable Schädigung und der Verlust der primären Ökosystemfunktionen der Moore ein (ibid.). In den 1970er Jahren wurden insbesondere in Schweden, Finnland und Russland große Flächen drainiert und für die forstwirtschaftliche Nutzung erschlossen (Joosten o.J. (a)).

Heute ist Deutschland in Europa „führend" bei der Zerstörung von heimischen Moorgebieten. Damit ist ein Zustand gemeint, bei dem keine Torfakkumulation mehr erfolgt. Joosten (o.J. (a)) beziffert den Flächenanteil der Moore in Deutschland, die entwässert und abgebaut bzw. land- und forstwirtschaftlich genutzt werden, auf 99%. Darüber hinaus sind weite Teile der europäischen Moore gestört – beispielsweise in Ungarn etwa 97% und in Polen etwa 70% (Joosten und Couwenberg 2001). Lediglich in Island, Russland, Lettland, Schweden, Norwegen und Litauen ist mehr als die Hälfte der früheren Moorgebiete in einem ursprünglichen Zustand erhalten geblieben (Joosten o.J. (a); Joosten und Couwenberg 2001).

Die Hälfte der entwässerten Moorflächen in Europa wird heute landwirtschaftlich genutzt, während eine forstwirtschaftliche Nutzung auf 30% sowie eine urbane Nutzung und ein industrieller Abbau von Torf als Brenn- und Düngematerial auf jeweils 10% der Fläche erfolgen (Bryne et al. 2004; Joosten o.J. (a)). Allerdings bestehen in der Nutzungsweise der Moorflächen große länderspezifische Unterschiede. Während in Finnland, Lettland und Großbritannien die forstliche Nutzung überwiegt, dominiert in Russland, Deutschland, Polen, den Niederlanden, Dänemark und der Ukraine die landwirtschaftliche Nutzung (Bryne et al. 2004).

Die Erschließung von Mooren setzt eine Entwässerung der Flächen mithilfe von Entwässerungsgräben und Pumpwerken voraus. Mittel- und langfristig hat die Drainage Mineralisation, Sackung, Schrumpfung und Vererdung (d.h. Verringerung des Gehaltes an organischer Substanz) der Böden zur Folge (Dierßen und Dierßen 2008). Aus natürlichen Moorstandorten werden Grenzertragsstandorte, die volkswirtschaftliche Kosten verursachen und deren Bewirtschaftung nur durch staatliche Transferzahlungen rentabel ist (Kessel 2008; Schäfer 2004).

Aufgrund dieser Degradierung haben die Moorstandorte in Mitteleuropa „am Ende des 20. Jahrhunderts ihre landwirtschaftliche Attraktivität weitgehend verloren" (Timmermann et al. 2009: 81). Generell ist eine landwirtschaftliche Nutzung der Moore durch die zunehmende Bodenverdichtung nach einigen Jahren nur noch durch eine erneute Entwässerung (Joosten o.J. (b)) sowie massiven Düngereinsatz möglich. Die damit einhergehenden steigenden Kosten und die Überproduktion der Landwirtschaft in den letzten Jahrzehnten hat die landwirtschaftliche Nutzung von Moorflächen in der Vergangenheit zunehmend unattraktiv gemacht (Eberts 2004; Joosten o.J. (a)). Für Deutschland wurde die überschüssige Gesamtagrarfläche (inkl. aller Moorareale) 2001 auf 5 Mio. ha beziffert (Kohlmaier 2001).

Allerdings ist in den letzten Jahren eine Umkehrung dieser Entwicklung erkennbar. Eine steigende Nachfrage nach und Förderung von Energiebiomasse, insbesondere Mais, hat zu einem zunehmenden Druck auf Marginalflächen[13], wie aufgegebene Moorstandorte, geführt (Timmermann et al. 2009). Basierend auf dem heute vorhandenen Überschuss an Niedermoorgrünland sind Wichmann und Wichtmann (2009: 9) dennoch der Auffassung, dass „die Produktion von Biomasse aus wiedervernässten bzw. nassen Mooren {...} nicht in Konkurrenz zu anderen Produkten der Landwirtschaft" steht. Für die Zukunft sieht Wichmann (2009 (a)) jedoch ebenso wie Timmermann et al. (2009) eine wachsende Attraktivität von Niedermoorgrünland durch die steigende Konkurrenz zwischen Nahrungsmittel-, Futtermittel- und Energiepflanzenproduktion auf Ackerstandorten.

3.2.2 Moore in Deutschland

Die Moorfläche Deutschlands betrug ursprünglich etwa 1,5 Mio. ha, dies entspricht 4,2% der Landesfläche (Joosten o.J. (b)). Inzwischen sind 99% dieser Moorflächen drainiert, um sie für Torfabbau, Land- und Forstwirtschaft oder Bebauung nutzbar zu machen (Joosten o.J. (a)). Große Teile sind durch Torfabbau unwiederbringlich verloren, „allein in Niedersachsen zwischen 1980 und 1997 schon 50.000 ha Regenmoor" (ibid.: 35) (siehe Tab. 3.1). Lediglich auf einem Prozent der ursprünglichen Fläche finden sich heute noch wachsende und Torf akkumulierende Moore, zumeist in Hang- oder Randlage (Timmermann et al. 2009).

Der überwiegende Teil der Moorfläche Deutschlands liegt in den norddeutschen Bundesländern Mecklenburg-Vorpommern (20,7%, Ministerium für Landwirtschaft, Umwelt und Verbraucherschutz Mecklenburg-Vorpommern 2008), Niedersachsen (29,7%, Niedersächsisches Umweltministerium 2002) und Schleswig-Holstein (10,4%, Landesamt für Natur und Umwelt Schleswig-Holstein 2002). Niedermoore nehmen mit 1.043.000 ha

---

[13] „Oberbegriff für Flächen mit geringer Kapazität an Produktions- und Regelungsfunktionen, aber auch für Flächen, die Produktions- und Regelungsfunktionen in zum Teil erheblichem Maße eingebüßt haben" (Schubert et al. 2008: 53).

den größten Teil der bundesdeutschen Moorfläche ein, Hochmoore sind auf 321.300 ha ausgebildet (Höper 2007).

Tab. 3.1. Moorverluste in Deutschland nach einzelnen Bundesländern

	Moorverluste		Periode	Jährliche Ver-
	ha	%		luste (%)
Schleswig-Holstein	30.000	17	1954-1998	0,39
Niedersachsen (Hochmoor)	50.000	24	1980-1997	1,41
Mecklenburg-Vorpommern	28.800	13	1965-1995	0,43
Brandenburg	60.000	28	1965-2000	0,81
Baden-Württemberg		12	1960-1995	0,27-0,60
Bayern	80.000	40	1914-1992	0,51

Quelle: Eigene Darstellung nach Joosten (o.J. (b)).

Auch in anderen europäischen Ländern haben sich die sozioökonomischen Rahmenbedingungen wie in Deutschland dahingehend verändert, dass seit Mitte der 1990iger Jahre Moorrenaturierung bzw. die Einführung moorschonender Nutzungsweisen stark an Bedeutung gewonnen haben (Augustin 2003). Ein wichtiger Grund ist die oben bereits erwähnte Nutzungsaufgabe vieler Flächen. So schätzen etwa Wichtmann und Schäfer (2007) die Niedermoorfläche, die aufgrund von Nutzungsaufgabe für die Renaturierung in Mecklenburg-Vorpommern zur Verfügung stehen, auf 40.000 bis 80.000 ha. Holst (2002) geht sogar mittelfristig von einer nicht genutzten Niederungsfläche von 200.000 ha in Mecklenburg-Vorpommern aus und prognostiziert erhebliche Auswirkungen auf den Arbeitsmarkt in ländlichen Gebieten durch den Wegfall von Arbeitsstellen in der Landwirtschaft.

Die drei moorreichen norddeutschen Bundesländer sowie auch das Bundesland Bayern haben die Bedeutung ihrer Moore erkannt und Moorschutzkonzepte aufgelegt. Des Weiteren gibt es eine Reihe von Forschungsprojekten zu nachhaltigen alternativen Moornutzungsformen[14].

---

[14] Siehe z.B. Barthelmes et al. (2005), DBU (2008), Ministerium für Landwirtschaft, Umwelt und Verbraucherschutz Mecklenburg-Vorpommern (2009).

4. Ökonomie und Ökologie der Moornutzung

Moore sind vielfältigen anthropogenen Einflüssen ausgesetzt, die häufig zu einer Beschädigung oder Zerstörung des Ökosystems Moor führen. Nachfolgend werden die ökonomischen Gründe erläutert, die zu falschen Anreizen der Moornutzung führen. Dem folgt eine Untersuchung der Spurengas-Emissionen von Mooren in den Stadien natürlich, anthropogen genutzt und renaturiert.

4.1 Moorübernutzung durch Marktversagen

Marktversagen

In einem perfekten markwirtschaftlichen System werden knappe Produkte, Leistungen und Güter aller Art über Märkte gehandelt und zum gegenseitigen Vorteil aller optimal verteilt. Preise spiegeln auf perfekten Märkten die Knappheit eines Gutes wider (Schäfer 2003). Dies ist dann der Fall, „wenn der Preis für ein Gut seinen Grenzkosten – den Kosten, die für die Bereitstellung einer weiteren kleinen Einheit erforderlich sind – entspricht" (Hampicke 2005: 56). In einer KNA wird dieser Preis auch als Effizienzpreis oder Schattenpreis bezeichnet (ibid.). Objekte oder Dienstleistungen, die keinen Preis haben, haben implizit den Wert Null.

Zu einer perfekten Marktlösung kann es jedoch nur kommen, wenn alle der folgenden Annahmen der beiden Wohlfahrtstheoreme erfüllt sind: i) der Nutzen, den eine Person erzielt, ist nur abhängig von ihrem eigenen Konsum, über den sie frei entscheidet, ii) Güter sind privat, jede Einheit eines Gutes kann also nur von einem Konsumenten konsumiert werden, iii) Individuen müssen auf dem Markt dem Verkäufer einen Preis bezahlen, um in den Besitz des zu konsumierenden Gutes zu kommen, iv) Märkte sind kompetitiv („Wettbewerbsmärkte"), was dazu führt, dass alle Käufer und Verkäufer die Preise als gegeben annehmen, v) alle Akteure haben vollständige und vollkommene Informationen über alle Güter, vi) Präferenzen und Technologien sind konvex, so dass durchschnittliche Güterbündel extremen Güterbündeln vorgezogen werden. Gerade bei Umweltaspekten treffen einige oder alle dieser Annahmen nicht zu, so dass es zu einem Marktversagen kommt. Ein derartiges Marktversagen ist vor allem durch so genannte „externe Effekte" und „öffentliche Güter" zu erklären[15].

Bei externen Effekten ist der von einer Person erzielte Nutzen nur abhängig von ihrem eigenen Konsum, über den sie frei entscheidet. Jedoch wird beispielsweise Umweltverschmutzung, die das Wohlbefinden einer Person negativ beeinflusst, auch von anderen verursacht und ist somit nicht unter der vollen Kontrolle der betroffenen Person. Zu unterscheiden sind positive und negative externe Effekte. Bei positiven externen Effekten wird zu wenig des gewünschten Gutes und bei negativen externen Effekten zu viel des unerwünschten Gutes erzeugt. Pigou (1912) erkennt, dass eine vertragliche Lösung zur Überwindung des Externalitätenproblems nicht greifen kann und schlägt Staatseingriffe durch Subventionen[16] oder Steuern vor. Eine Subvention für Güter, bei denen das soziale Wertgrenzprodukt größer ist als das private Wertgrenzprodukt, gleicht beide Wertgrenzprodukte an, so dass die gesamtwirtschaftliche Wohlfahrt steigt. Analog erhöht eine Steuer auf Güter, bei denen das private Wertgrenzprodukt größer ist als das soziale Wertgrenzprodukt, die gesamtwirtschaftliche Wohlfahrt.

Neben den in der Umweltökonomie in der Regel betrachteten intragenerationalen externen Effekten, d.h. den Effekten, die sofort und damit innerhalb („intra") einer Generation wirken, zeigt bereits Pigou (1912), dass es ebenfalls zu intergenerationalen beziehungsweise intertemporalen Externa-

---

[15] Für eine detaillierte Betrachtung der Fragen von Marktversagen, externen Effekten und öffentlichen Gütern sowie auch der Internalisierung externer Effekte siehe exemplarisch Cansier (1996), Feess (1995), Hanley et al. (2001) oder Siebert (1998).

[16] „Als „Subvention" wird dabei eine Abgabe im Sinne eines Preiszuschlages bezeichnet" (Moser et al. 2008: 17).

litäten kommen kann. Das bedeutet, dass die heute ausgelösten Effekte erst zu einem späteren Zeitpunkt und damit zwischen Generationen („intergenerational") wirken. Nach Pigou haben Menschen eine stark ausgeprägte Gegenwartspräferenz, die darin besteht, einen kurzfristigen Nutzen einem gleich hohen zukünftigen Nutzen vorzuziehen, insbesondere dann, wenn der zukünftige Nutzen nicht bei ihnen selbst anfällt, sondern bei zukünftig lebenden Menschen. Somit ist der durch den anthropogenen Ausstoß von Treibhausgasen verursachte Klimawandel als klassisches Beispiel eines intergenerationalen negativen externen Effektes anzusehen.

Ein (rein) öffentliches Gut ist gekennzeichnet durch die Kriterien der Nicht-Rivalität im Konsum sowie der Unmöglichkeit des Ausschlusses vom Konsum. Dabei ist die Rivalität im Konsum eine inhärente Eigenschaft des Gutes selbst. Die Ausschlussmöglichkeit vom Konsum ergibt sich hingegen aus den Eigenschaften des institutionellen Rahmens, also beispielsweise der fehlenden Definition und Garantie von Eigentumsrechten. Bei dem Vorliegen von öffentlichen Gütern ist das freie (unregulierte) Marktgleichgewicht nicht pareto-effizient[17], so dass es zu einem Marktversagen kommen kann. Es stellt sich dann die Situation ein, dass es zu einer Unterversorgung mit dem öffentlichen Gut kommt, denn – sofern das Gut überhaupt bereitgestellt wird – das Individuum mit der höchsten Zahlungsbereitschaft stellt das öffentliche Gut bereit, die anderen verhalten sich lediglich als „Trittbrettfahrer" und beteiligen sich nicht, obwohl sie von der Bereitstellung profitieren würden.

Externe Effekte und öffentliche Güter sind sich also insofern ähnlich, als dass es in beiden Fällen zu einer Nicht-Ausschließbarkeit der betroffenen oder begünstigten Wirtschaftssubjekte kommt und der Preismechanismus

---

[17] Pareto-optimal ist ein Zustand dann, wenn niemand besser gestellt werden kann, ohne jemand anderen schlechter zu stellen (vgl. Hampicke 1991).

versagt. Sowohl externe Effekte als auch öffentliche Güter beeinflussen direkt Wirtschaftssubjekte bzw. Wirtschaftsprozesse (bedingt durch Handlungen anderer Wirtschaftssubjekte), wobei dieser Einfluss nicht angemessen durch den Markt- bzw. Preismechanismus koordiniert wird. Es existiert demzufolge kein Preis für den zugefügten Schaden oder den erzielten Nutzen des externen Effektes.

Externe Effekte und öffentliche Güter unterscheiden sich jedoch dahingehend, dass sich externe Effekte zumeist auf einen eingeschränkten Kreis von „Geschädigten" oder „Nutznießern" beschränken, wohingegen öffentliche Güter annähernd alle Wirtschaftssubjekte im betreffenden Wirtschaftsraum anbelangen. Anders ausgedrückt: sobald mehr als ein Individuum durch die Aktivitäten eines anderen Individuums direkt betroffen ist, bekommt der externe Effekt den Charakter eines öffentlichen Gutes. Zudem bezeichnen externe Effekte meist die Entstehung von Umweltschäden, im Zusammenhang mit dem Umweltproblem geht es also um negative externe Effekte. Im Kontext von öffentlichen Gütern werden insbesondere Fragen der (mangelnden) Bereitstellung von Umweltqualität und Umweltschutz thematisiert.

Durch die Renaturierung von Mooren etwa werden ökologische Leistungen mit wohlfahrtsrelevanten Auswirkungen wie Wasserhaushalts- und Schadstoffregulation, Biodiversitätsschutz oder Erholung wiederhergestellt, wovon grundsätzlich alle Menschen profitieren. Es kommt zu einem positiven externen Effekt.

Internalisierung externer Effekte

Für die mit der Wiedervernässung von Mooren einhergehende Kohlenstoff-festlegung gilt die oben noch eher abstrakt geführte Argumentation ebenfalls. Da der Landwirt nicht für seine Leistung entlohnt wird, reduziert er sie, bis sein betriebswirtschaftliches Optimum erreicht ist (Bahrs 2003). In der Regel stimmt dies nicht mit dem volkswirtschaftlichen Optimum überein (ibid.). Die Kosten werden daher nicht vom Verursacher getragen, sondern von der gesamten Gesellschaft.

Dies widerspricht dem ökonomischen Grundsatz des Verursacherprinzips[18], welches fordert, dass derjenige für die Kosten von Schäden aufkommt, der sie verursacht hat (Wicke 1993). Aus Sicht der Wohlfahrtsökonomie wäre es richtig, die negativen externen Effekte, die durch landwirtschaftliche Nutzung auf Mooren verursacht werden, vollständig zu internalisieren (ibid.). Idealerweise wird durch die Internalisierung, z.B. in Form einer Steuer[19] (Abgabenlösung) die Differenz zwischen privaten und volkswirtschaftlichen Kosten geschlossen (siehe Abb. 1; Pigou 1912). Der Staat würde damit in den freien Markt eingreifen, eine Knappheit für die Ressourcennutzung simulieren und ein wohlfahrtsökonomisches Optimum herstellen (Grobosch 2003). Die Folge wäre eine Integration sozialer Nutzen und Kosten in private Märkte (Kächele 1999).

Gelänge dies in perfekter Form, was in der Praxis unmöglich ist, so befände sich die Wirtschaft in einem pareto-optimalen Zustand (Hampicke 1996), d.h., der Gesamtnutzen würde maximiert, Effizienzpreise wären erreicht (ibid.).

Würde eine perfekte monetäre Bewertung auch im Falle von Nutzungsalternativen auf Moorflächen zum Einsatz kommen, so wäre das Flächennut-

---

[18] Siehe für weiterführende Informationen das „Coase-Theorem" z.B. in Siemer (1999).
[19] „der Begriff „Steuer", obwohl eingeführt, ist allerdings gänzlich unpassend, denn mit der Internalisierung erfolgt eine spezifische Kostenanlastung und wird eine Gegenleistung gewährt" (Hampicke 1996: 41).

zungsprofil optimal (Hampicke 2005). Durch die Pigou-Steuer besteht damit ein Anreiz, die Emissionen auf ein optimales Niveau zu reduzieren (Hampicke 1996).

Abb. 4.1. Internalisierung nach Pigou mit Hilfe einer Steuer (t*) in Höhe der Differenz zwischen privaten und sozialen Grenzkosten. Am Punkt X* P* entspricht der soziale Grenznutzen den privaten Grenzkosten.

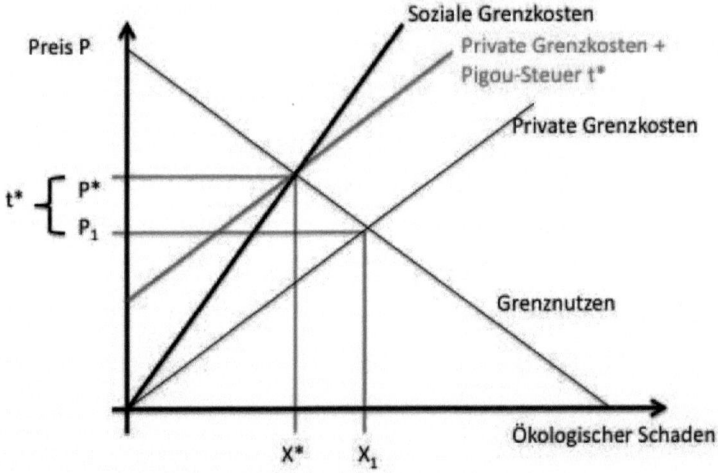

Quelle: Eigene vereinfachte Darstellung.

Seit längerem gibt es Versuche alle Kosten und Nutzen, die mit einem Renaturierungsprojekt einhergehen, zu monetarisieren und damit zu einer Objektivierung des betreffenden Wertes beizutragen (Hampicke 2009). Bei der Monetarisierung geht es nicht darum einem Objekt einen Preis zuzuschreiben, denn „das Geld ist nur ein Vergleichsmaßstab, d.h. der Wert wird deshalb in Geld gemessen, um die Werturteile der Menschen nachvollziehen zu können" (Marggraf et al. 2005: 52). So wird ein Vergleich mit anderen Werten möglich.

Bewertungsverfahren

Für eine Monetarisierung wurden in der Vergangenheit verschiedene direkte und indirekte Verfahren der Nichtmarktbewertung entwickelt (Baumgärtner 2003). Zu den indirekten Verfahren gehören der Ersatzkostenansatz, der Erhaltungskostenansatz, der Produktionsfunktionsansatz, der hedonistische Preisansatz und die Reisekostenmethode (ibid.). Bei diesen Verfahren werden durch eine Beobachtung von menschlichem Verhalten Rückschlüsse auf die Zahlungsbereitschaft gezogen.

Die direkten Verfahren sind die Marktsimulationen bzw. das Choice Experiment, die Methode des Benefit Transfers und die kontingente Befragung (CVM) (Muthke, 2001; Plän 1999). Da nur innerhalb der direkten Verfahren sowohl der nutzungsabhängige[20] als auch der nutzungsunabhängige[21] und somit der ökonomische Gesamtwert[22] ermittelt wird, wird im Folgenden nur auf das direkte Verfahren der „kontingenten Befragung" eingegangen.

Bei dieser Methode wird mit Hilfe einer persönlichen oder telefonischen Befragung von Betroffenen die maximale Zahlungs-[23] oder Akzeptanzbereitschaft[24] für Nicht-Markt-Güter ermittelt, wenn sie auf Märkten gehan-

---

[20] Darunter werden die „Anteile am ökonomischen Gesamtwert verstanden, welche aus der tatsächlichen oder potenziellen Nutzung der biologischen Vielfalt entstehen" (Baumgärtner 2003: 10). Dies sind direkter und indirekter Gebrauchswert und Optionswert (vgl. CBD 2001).

[21] Diese ist unabhängig von der tatsächlichen oder potentiellen Nutzung und entsteht aus dem Wissen, dass die natürliche Ressource erhalten wird (vgl. CBD 2001). Er setzt sich aus nachempfundenen Gebrauchs-, Vermächtnis- und Existenzwert (intrinsisch) zusammen (ibid.).

[22] engl. Total Economic Value (TEV)

[23] engl. Willingness to pay (WTP)

[24] engl. Willingness to accept (WTA)

delt würden[25] (Meyerhoff 1999). Die so ermittelte „Wertzumessung" (Plän 1999: 47) oder Zahlungsbereitschaft ist ein Ausdruck der individuellen Präferenzen (Küpker et al. 2005).

Durch die Befragungen wird ein hypothetisches Nachfrageverhalten auf einem theoretischen Markt für die Umweltgüter simuliert (Küpker et al. 2005), um dadurch einen Marktwert abzuschätzen.

Bei der Abgeltung der Leistung „CO_2-Speicherung" ist allerdings die Anwendung einer Pigou-Steuer, d.h. eine vollständige Internalisierung externer Effekte, nicht möglich, da die klimatischen Effekte global auftreten und sich über Zeiträume von Generationen erstrecken (Hampicke 1996). Trotzdem ist die Einbeziehung aller Leistungen und Kosten als Leitbild unverzichtbar, die Schwierigkeiten der Internalisierung dürfen nicht zu einer Ignoranz der Kosten und Nutzen von ökologischen Leistungen führen.

Standard-Preis-Ansatz

Um trotz der offensichtlichen Probleme einer monetären Bewertung zu einer Abgeltung von Ökosystemdienstleistungen zu kommen, bietet sich statt der Preis- eine Mengenlösung an (Grobosch 2003). Dabei soll eine bestimmte Menge oder ein bestimmter Standard (daher Standard-Preis- oder Baumol-Ansatz[26]) zu minimalen Kosten in einem bestimmten Zeitabschnitt erreicht werden.

Der Standard-Preis-Ansatz beruht auf demselben Ansatz wie die Pigou-Steuer, mit dem Unterschied, dass nicht die perfekte Internalisierung externer Effekte das Ziel ist, sondern eine Abgabe pro emittierte Schadstoffeinheit erhoben wird (Hampicke 1996). Da nun die Emissionen mit einer Abgabe – also Kosten – verbunden sind, wird der Emittent die Emissionen soweit reduzieren, bis der Abgabensatz mit den Grenzvermeidungskosten

---

[25] Für eine ausführliche Darstellung der kontingenten Bewertung siehe z.B. Marggraf et al. (2005) oder Pearce et al. (2006).
[26] Siehe für eine ausführliche Darstellung z.B. Baumol und Oates (1990).

identisch ist. Eine weitere Reduktion wäre ökonomisch nicht mehr sinnvoll.

Damit erfolgt keine Monetarisierung der externen Effekte, sondern die zu erzielenden Reduktionen basieren auf politisch definierten Umweltstandards. Knappheit muss somit nicht auf realen Tatsachen fußen, sondern beruht auf politischen Entscheidungen. Es ist sogar sehr unwahrscheinlich, dass die Allokation[27] optimal erfolgt (Hampicke 1991, 2005). Daher wird dieser Ansatz oft als second-best-Lösung bezeichnet (UBA 2007).

Der Standard-Preis-Ansatz bietet sich insbesondere bei Schadenskategorien an, „für die die Kenntnisse über Dosis-Wirkungs-Beziehungen und/oder monetären Werte von Schäden (noch) nicht ausreichend sind" (UBA 2007: 52).

Die Abgabe pro Emissionseinheit entspricht dem Preis der Opportunitätskosten des marginalen, aber nicht des monetären Schadens der Kohlenstoff-Emissionseinheit (Hampicke 1996). Diese Kosten werden auch als Zielerreichungskosten bezeichnet (UBA 2007).

Ein anreizorientiertes System, welches auf einem ähnlichen Verfahren wie der Standard-Preis-Ansatz basiert, ist die auch im Kyoto-Protokoll eingeräumte Möglichkeit des Emissionshandels[28]. Hier können beispielsweise durch die Aufforstung von Wäldern Kohlenstoffzertifikate erzeugt und gehandelt werden (Beese et al. 1998). Emittenten von Treibhausgas können diese Zertifikate erwerben und ihre eigenen Emissionen kompensieren (siehe Kapitel 5.5.5; Beese et al. 1998). Als europäisches Instrument ist der Emissionszertifikatehandel für CO_2 seit 2005 das Hauptinstrument der Europäischen Union[29] (EU), um ihre Emissionsminderungsverpflichtung gemäß des Kyoto-Protokolls zu erfüllen. Die erste Handelsperiode umfasste

---

[27] „Die Zuordnung produktiver Faktoren oder Ressourcen zu bestimmten Zielen" (Hampicke 1991: 61).
[28] Eine ausführliche Darstellung findet sich z.B. in Küll (2009).
[29] Engl. European Union Emission Trading System (EU ETS)

den Zeitraum von 2005 bis 2007 und diente als Pilotphase. Die derzeit laufende zweite Handelsperiode ist identisch mit der Kyoto-Verpflichtungsperiode von 2008 bis 2012. Ab 2013 startet eine dritte Handelsperiode mit einer 8-jährigen Laufzeit. Der europäische Emissionszertifikatehandel funktioniert nach dem Prinzip des „Cap and Trade" und verfolgt das Ziel, die notwendige Reduzierung des Treibhausgas-Ausstoßes möglichst kosteneffizient zu erreichen (Döring und Ewringmann 2004; Jasper und Twelemann 2005; RL 2003/87/EG; Shirvani 2005; Strogies und Gniffke 2009).

Sowohl ein Steuer- als auch ein Zertifikate-System haben gemeinsam, dass ein vorgegebenes Ziel theoretisch mit minimalen Kosten erreicht wird, die Allokation, bezogen auf das vorgegebene Ziel, also optimal ist (Schäfer 2005 (a)).

Eine Anrechnung von Treibhausgas-Einsparungen im Bereich Landnutzung, Landnutzungswandel und Forstwirtschaft[30], in den auch die landwirtschaftliche Nutzung von Mooren fällt, ist im Rahmen des Kyoto-Protokolls oder des europäischen Emissionshandels derzeit noch nicht möglich (Couwenberg et al. 2008). Es wurden jedoch erste Versuche unternommen, vermiedene CO_2-Emissionen aus Moorwiedervernässungsprojekten auf freiwilligen Märkten zu handeln (Wichmann 2009 (i)). Unternehmen können beispielsweise sogenannte „MoorFutures" erwerben, aus denen ein Fond für Moorwiedervernässungsprojekte in Mecklenburg-Vorpommern gespeist wird. Pro eingesparter Tonne $CO_{2\text{-äq}}$ fallen für den Käufer Kosten von 30 bis 50 € an[31].

---

[30] Engl. Land-use, land-use change und forestry (LULUCF)
[31] Für ausführliche Informationen siehe www.moorfutures.de

Auswirkungen auf Moorstandorte

Externe Effekte sind ein Grund, warum die Preise für landwirtschaftliche Güter in der Regel von den Grenzkosten abweichen (Hampicke 2005). Des Weiteren unterliegt der EU-Agrarmarkt starken Einflüssen durch staatliche Transfers, die zu Verzerrungen führen.

Für die von Mooren bereitgestellten Ökosystemdienstleistungen gibt es zurzeit noch keine adäquate Vergütung (Kowatsch et al. 2008). Flächenbesitzer rechnen in einem privatwirtschaftlichen Kalkül nur mit dem landwirtschaftlichen Ertrag der Fläche (Vogel 2002). Die volkswirtschaftlichen Kosten oder Nutzen bleiben hingegen unberücksichtigt.

In Abhängigkeit davon, wie die Verfügungsrechte eines Landbesitzers ausgelegt werden, wird darüber gestritten, ob er verpflichtet sei, bestimmte ökologische Leistungen kostenlos zur Verfügung zu stellen (Rühs 2004). Einerseits wird argumentiert, dass die Gesellschaft Landwirte für die Anwendung bestimmter naturverträglicher Wirtschaftsweisen entlohnen muss und damit die Gesellschaft die Kosten trägt (Hampicke 1991). Andererseits wird angeführt, dass der Landwirt verpflichtet sei, die Erhaltung von Ökosystemdienstleistungen kostenfrei zu gewährleisten, da eine Minderung oder Zerstörung dieser Leistungen nicht dem Nutzungsrecht entspricht. Bei einer nicht-umweltgerechten Moornutzung erhält der Landwirt die Emissionsrechte quasi kostenlos (Thoroe und Dieter 2005) und durch die Vergabe von Subventionen wird dieses nicht-umweltgerechte Handeln sogar noch honoriert (Barthelmes et al. 2005). Der Gesellschaft entstehen so doppelte Kosten.

Unter den derzeitigen agrarpolitischen Strukturen besteht bei einer einzelwirtschaftlichen Strategie kein Anreiz, eine nicht-umweltgerechte Moornutzung zugunsten einer ökologischen Nutzung umzustellen (Holst 2002). Durch Subventionen erhalten Landwirte ein Einkommen ohne eine adäquate Gegenleistung zu erbringen (Schäfer 2004). Ein Anreiz zur Suche nach umweltverträglichen Nutzungsalternativen besteht so nicht. Im Gegenteil erscheint eine möglichst intensive Nutzung „ohne Berücksichtigung der ökologischen Nebenbedingungen" (Schäfer und Degenhardt 1999: 351) einzelwirtschaftlich sinnvoll.

Bereits in Kapitel 3.2 wurde angedeutet, dass, wenn alle anfallenden Kosten der Moorkultivierung quantifiziert, also die gesamten volkswirtschaftlichen Kosten berechnet würden, eine Bewirtschaftung dieser Flächen nicht länger rentabel wäre (Barthelmes et al. 2005; Kessel 2008). Da die auf Mooren produzierten Güter aus volkswirtschaftlicher Sicht nicht knapp sind, würde es aufgrund des Produktionsverzichts, z.B. durch extensive Bewirtschaftung, aus gesamtwirtschaftlicher Sicht auch nicht zu Opportunitätskosten kommen (Hampicke 1991).

Um zu einer solchen volkswirtschaftlichen Bewertung zu kommen, wäre eine Abwägung nach realen Kosten- und Nutzenstrukturen von Nöten, welche in der Konsequenz zu einem veränderten Flächennutzungsprofil führen würde (Hampicke 2005). Dadurch könnten auch andere Verfahren der Moorbewirtschaftung konkurrenzfähig werden (Wichmann 2009 (h)).

4.2 Moore - von der Senke zur Quelle

Der anthropogene Eingriff in das Ökosystem Moor hat Auswirkungen auf die Lebensgemeinschaften und Stoffbilanzen. Dies gilt sowohl für die Erhaltung einzigartiger Arten als auch für den Wasserhaushalt und den Ausstoß von klimaschädlichen Gasen.

Im Folgenden wird ein kurzer Abriss der Stoffbilanzen von Moorstandorten bei unterschiedlichen Nutzungsweisen gegeben. Um eine Vergleichbarkeit der Daten zu gewährleisten, beschränkt sich die Untersuchung dabei auf Niedermoore in der gemäßigten Zone Europas.

4.2.1 Gasaustausch natürlicher Moore

Bei Mooren handelt es sich um sehr sensible Ökosysteme. Die genaue Ausprägung der biochemischen Prozesse hängt von vielen unterschiedlichen Faktoren ab, insbesondere dem Moortyp, dem Standort, der Vegetation, den klimatischen Verhältnissen, dem Wasserstand, der Nährstoffverfügbarkeit und dem pH-Wert (SRU 2008).

Die drei Gase CO_2, N_2O (Lachgas) und CH_4 (Methan) sind die wichtigsten klimarelevanten Spurengase, die mit den in Mooren ablaufenden Stoffumsetzungsprozessen in Verbindung stehen (Augustin 2001; Tab. 4.1). Natürliche – d.h. unberührte – Moore sind in der Regel Senken für CO_2 und für das bedeutend stärker wirksame Treibhausgas N_2O (SRU 2008). Gleichzeitig sind Moore im natürlichen Zustand Quellen von CH_4, da dieses Gas in nicht unerheblichen Mengen emittiert wird. Dieses Gas weist eine ca. 21-fach stärkere Treibhausgas-Wirkung als CO_2[32] auf (IPCC 2007).

„Die Bilanz aller klimarelevanten Faktoren ergibt das tatsächliche Treibhausgaspotenzial eines Moorstandortes" (Kowatsch et al. 2008: 12). Diese Nettobilanz ergibt sich aus der Brutto-Treibhausgas-Aufnahme abzüglich der Brutto-Treibhausgas-Emissionen.

Dafür wird die Umrechnung aller Klimagase in CO_2-Äquivalente ($CO_{2-äq}$) vorgenommen und vom Treibhausgas-Potenzial[33] bzw. von „summarischer Klimarelevanz" (Augustin 2001: 36) gesprochen. So werden sowohl die unterschiedlichen mittleren Erwärmungswirkungen der Gase als auch ihre unterschiedlichen Verweilzeiten in der Atmosphäre berücksichtigt und in einem Wert kumuliert (Joosten und Augustin 2006).

---

[32] Bezogen auf einen Zeithorizont von 100 Jahren. Quelle bezeichnet „einen Vorgang oder eine Tätigkeit, durch die ein Treibhausgas, ein Aerosol oder eine Vorläufersubstanz eines Treibhausgases in die Atmosphäre freigesetzt wird" (UNFCCC o. J. Art. 1. Abs. 9).
[33] Engl. Global Warming Potential (GWP).

Die in der Literatur zu findenden Angaben über die Treibhausgas-Emissionen von Niedermooren liefern höchst unterschiedliche Werte. „Die Ursachen für die extrem hohe zeitliche und räumliche Variabilität" (Augustin 2001: 36) basieren nach Couwenberg et al. (2008) unter anderem auf:

- der großen Bandbreite von Moor- und Torftypen mit jeweils spezifischen Emissionsmerkmalen,
- den unterschiedlichen Klimabedingungen, denen Moore unterliegen,
- der räumlichen Heterogenität vieler Standorte, inkl. den wechselnden Mächtigkeiten der Torfe,
- der sehr unterschiedlichen (früheren) Art der Bewirtschaftung,
- der aktuellen Ausprägung der Vegetation, von offenen Torfen bis zu Hochwald,
- den unterschiedlichen klimarelevanten Gasen, die beteiligt sind, und unterschiedliches Treibhausgas-Potenzial aufweisen mit diametral gegenläufigen Reaktionen auf eine Wiedervernässung sowie
- dem weiten Spektrum der Standorteigenschaften, die die Treibhausgas-Emissionen beeinflussen.

Verallgemeinerte Treibhausgas-Bilanzen für Moore weisen daher eine große Spannweite auf. Aus diesem Grund wurde bei den bisherigen Untersuchungen jede einzelne Moorschutzmaßnahme individuell auf Klimarelevanz geprüft (Augustin 2001).

Einen umfassenden Überblick über eine ganze Reihe von Studien zu Emissionen aus Niedermooren bietet Augustin (2001). Die Untersuchung kommt für ungestörte und wiedervernässte norddeutsche Niedermoore zu einer Variation des Treibhausgas-Potenzial von - 2.226 bis + 4.552 kg $CO_{2\text{-äq}}$ ha^{-1} a^{-1} (siehe Tab. 4.1).

Tab. 4.1. Abschätzung des Beitrages unterschiedlicher Spurengase von ungestörten bzw. wiedervernässten norddeutschen Niedermooren zum Treibhauseffekt

Treibhausgas	C- bzw. N-Netto-Emissionsrate [kg ha^{-1} a^{-1}]	Treibhausgas-$CO_{2\text{-äq}}$ [kg ha^{-1} a^{-1}]
Kohlenstoffdioxid (CO_2)	- 140 bis - 2.250	- 140 bis - 2.250
Methan (CH_4)	+ 2,7 bis + 521	+ 24 bis + 4.585
Lachgas (N_2O)	+ 0,0 bis + 0,8	+ 0 bis + 107
Summarische Klimarelevanz (Treibhausgas-Potenzial)	-	- 2.226 bis + 4.552

Quelle: Eigene Darstellung nach Augustin (2001: 37).

Negative Zahlenwerte bedeuten eine Nettoaufnahme von Klimagasen und damit eine Verminderung des Treibhauseffektes durch das Moorökosystem (Augustin 2001). Positive Zahlenwerte stehen für Emissionen aus den Mooren. In anderen Quellen wird die Nettoaufnahme von CO_2 mit 1.800 bis 5.500 kg ha^{-1} a^{-1} auf naturnahen[34] Standorten (Niedersächsisches Umweltministerium 2002) quantifiziert.

---

[34] „Moorflächen, die durch Entwässerungsmaßnahmen, Nutzungen und andere menschliche Eingriffe gestört sind, werden als naturnahe Moore (schwach entwässert) bezeichnet, wenn sie noch eine Vegetationsdecke mit Moorpflanzen aufweisen" (Landesamt für Natur und Umwelt Schleswig-Holstein 2002: 8).

Tab. 4.2. Flächenanteile und Kohlenstoffvorräte von Mooren, Wäldern, Äckern und Wiesen sowie anderen Landnutzungstypen global und in den Annex-I-Staaten

	Fläche [in Mio. km²]		Kohlenstoffvorräte [Gt]	
	Global	Annex-I-Staaten	Global	Annex-I-Staaten
Moore	4,8	4,5	430	401
Wälder	41,8	19,3	987	526
Äcker/Wiesen	48,1	14,9	385	119
Andere	54,3	11,5	388	69
Gesamt	**149,0**	**50,2**	**2.190**	**1.115**

Quelle: Eigene Darstellung nach Beese et al. (1998: 16).

Für die gegenwärtig weltweit in Mooren festgelegten Kohlenstoffvorräte werden Werte von 430 bis 550 Gt angegeben (Beese et al. 1998; Parish et al. 2008). Interessant ist ein Vergleich mit den Wäldern, die in der Klimadiskussion als Kohlenstoffsenken eine herausragende Rolle spielen. Bei einer annähernd 9-fach größeren Fläche (global 41,8 Mio. km² gegenüber 4,8 Mio. km² der Moore) sind die Kohlenstoffvorräte in Wäldern lediglich etwa doppelt so groß wie diejenigen in Mooren (Tab. 4.2). In den Industrieländern (Annex-I-Staaten[35]), in denen über 90% der weltweiten Moorfläche vorhanden ist, ist die Bedeutung der Moore als Kohlenstoffsenke relativ zu derjenigen der Wälder noch größer. Hier liegt die Differenz bei lediglich 125 Gt (526 Gt in Wäldern und 401 Gt in Mooren) (Tab. 4.2).

---

[35] Dies sind die Länder in Anhang I des Kyoto-Protokolls: Australien, Österreich, Belgien, Bulgarien, Kanada, Kroatien, Tschechische Republik, Dänemark, Estland, Finnland, Frankreich, Deutschland, Griechenland, Ungarn, Island, Irland, Italien, Japan, Lettland, Lichtenstein, Litauen, Luxemburg, Monaco, Niederlande, Polen, Rumänien, Russland, Slowakei, Slowenien, Spanien, Schweden, Schweiz, Türkei, Ukraine, Großbritannien und USA.

4.2.2 Veränderter Gasaustausch unter anthropogener Nutzung

Zwar können auch natürliche Moore unter bestimmten Bedingungen ein positives Treibhausgas-Potenzial aufweisen (Kapitel 4.2.1), die Betrachtung der Verhältnisse bei genutzten Mooren zeigt jedoch, dass hier die Treibhausgas-Potenziale deutlich höhere positive Werte aufweisen können (Schwill 2009; siehe Tab. 4.3).

Bislang ist jeder Art der land- oder forstwirtschaftlichen Moornutzung gemeinsam, dass ein Absenken des (Grund-) Wasserspiegels erforderlich ist (Roth et al. 2001; Timmermann et al. 2009), da nur dann ein Befahren der Flächen mit konventioneller Landtechnik möglich ist. Die Veränderung des Wasserregimes wird erreicht durch die Anlage und Aufrechterhaltung von Entwässerungsgräben und den Einsatz von Pumpen.

Durch die Drainage der Flächen kommt der bisher unter Luftabschluss liegende Torfkörper an die Oberfläche und wird stärker mineralisiert (Dierßen und Dierßen 2008). Mit der Mineralisation einher geht die verstärkte Emission von Treibhausgasen, und es besteht eine enge nicht-lineare Korrelation zwischen Entwässerungstiefe und Emissionsraten (Augustin 2001; Höper 2007; Ministerium für Landwirtschaft, Umwelt und Verbraucherschutz Mecklenburg-Vorpommern 2009). Die Dauer der verstärkten Emission von Treibhausgasen aus entwässerten Mooren ist abhängig von der Mächtigkeit des Torfkörpers und kann mehrere Jahrzehnte betragen (Hirschfeld 2008). Aufgrund der nährstoffreicheren und leichter abbaubaren organischen Substanz sind die Treibhausgas-Emissionsraten der Niedermoore im Allgemeinen höher als diejenigen der Hochmoore (Dierßen und Dierßen 2008).

Da die verschiedenen Nutzungsweisen unterschiedliche Entwässerungstiefen erforderlich machen, ist, neben dem Moortyp, die Art der anthropogenen Nutzung entscheidend für die Emissionsraten (Ministerium für Landwirtschaft, Umwelt und Verbraucherschutz Mecklenburg-Vorpommern 2009). Eine Nutzung der Niedermoorstandorte als Dauergrünland (Wiesen

37

oder Weiden) erfordert Entwässerungstiefen von 0,4 bis 0,8 m unter Flur (Bryne et al. 2004; Landesamt für Natur und Umwelt Schleswig-Holstein 2002). Eine noch deutlich stärkere Absenkung des Wasserspiegels ist mit einer ackerbaulichen Nutzung verbunden (1,0 bis 1,2 m, Bryne et al. 2004). Da sich die angestrebte Entwässerungstiefe an dem tiefsten Punkt des Entwässerungsgebietes orientiert, können sich jedoch auch Entwässerungstiefen von über 2 m ergeben (Landesamt für Natur und Umwelt Schleswig-Holstein 2002).

Tab. 4.3. Treibhausgas-Potenzial unterschiedlicher Niedermoornutzungsformen in Europa

Art der Niedermoornutzung	Median des Treibhausgas-Potenzials ($CO_{2-äq}$) [kg ha^{-1} a^{-1}]
Drainierter Forst	+ 42[36]
Drainiert für Forst, Torfabbau	+ 547
Grünland	+ 4.794
Acker	+ 5.634

Quelle: Eigene Darstellung nach Bryne et al. (2004: 32).

Bei einer Grünlandnutzung von europäischen Niedermoorstandorten beträgt der Median des Treibhausgas-Potenzials nach Bryne et al. (2004) fast 4,8 t $CO_{2-äq}$ ha^{-1} a^{-1}, bei einer Ackernutzung sogar über 5,6 t $CO_{2-äq}$ ha^{-1} a^{-1} (Tab. 4.3). Der Sachverständigenrat für Umweltfragen (SRU 2008: 193) sieht in der „ackerbaulichen Nutzung von Mooren die größte Treibhausgas-Einzelemissionsquelle im Sektor Landwirtschaft". Als die konventionelle Moorbewirtschaftungsform mit den niedrigsten Treibhausgas-Emissionen wurde die forstwirtschaftliche Nutzung identifiziert, der Median des Treib-

---

[36] Zu beachten sind die unterschiedlichen Zeiträume der CO_2-Speicherfähigkeit: bei Holz beträgt dies ca. 100 Jahre, bei Torf > 1000 Jahre.

hausgas-Potenzials liegt lediglich bei 42 kg $CO_{2\text{-äq}}$ ha^{-1} a^{-1} (Tab. 4.3). In Anbetracht dieser großen Spanne ist es somit wesentlich, bei Aussagen zu den Treibhausgas-Emissionen genutzter Moore nach der Nutzungsform zu differenzieren.

Augustin (2003) fasst das gesamte Spektrum der einzelnen Spurengase und ihrer summarischen Klimarelevanz unter menschlicher Nutzung zusammen und kommt in einer Auswertung der Daten für deutsche Moore auf Treibhausgas-Potenziale von 2.928 bis 10.334 kg $CO_{2\text{-äq}}$ ha^{-1} a^{-1}. Insgesamt stellen sich bei einer differenzierten Betrachtung der Moornutzungstypen in Deutschland die Anteile an den Gesamtemissionen wie folgt dar: 75% der Emissionen stammen aus der landwirtschaftlichen Nutzung, 10% aus der forstwirtschaftlichen Nutzung, 6,5% gehen auf industrielle und gärtnerische Zwecke zurück; der verbleibende Anteil entfällt auf naturnahe Flächen und sonstige Nutzungsweisen (Höper 2007).

4.2.3 Auswirkungen der Wiedervernässung

Seit Anfang der 1990iger Jahre ist die Drainage von Flächen in Europa und Nordamerika fast zum Erliegen gekommen (Zeitz 2003). Zum Teil existieren groß angelegte Renaturierungsprojekte (z.B. Augustin und Chojnicki 2005; Glazel et al. 2008; IKZM 2005). Für diese Entwicklung sind vor allem ökonomische Gründe ausschlaggebend.

Viele Agrarflächen sind so stark erodiert, dass sie überhaupt nur noch mit hohem Düngemitteleinsatz zu bewirtschaften und dann nur durch Subventionen rentabel sind (Joosten o.J. (a); Succow und Koska 2001). Dies gilt insbesondere für ackerbaulich ausgerichtete Betriebe. Für eine Grünlandnutzung stellt sich die Situation etwas günstiger dar, aber auch hier gehen die Massen- und Energieerträge (Ertragskraft) langfristig zurück (Holst 2009). Wichmann (2009 (a)) kommt für tiergebundene Verfahren zu dem Ergebnis, dass die Defizite zwischen 150 und 500 € ha^{-1} bei der Schafhaltung und ca. 660 € ha^{-1} bei der Ochsenmast liegen.

Durch die Entwässerung kommt es zu Sackungen und Schrumpfungen des Torfkörpers und damit zu einem Höhenverlust, welcher spätestens nach 20 bis 30 Jahren eine kostspielige Vertiefung der Entwässerungsgräben und eine entsprechende Anpassung der sonstigen Entwässerungsanlagen (Stauwerke, Pumpen etc.) erforderlich macht (Eberts 2004; Niedersächsisches Umweltministerium 2002).

Eine Nutzungsaufgabe ehemals landwirtschaftlich genutzter Moorstandorte löst eine gerichtete Veränderung in der Vegetation aus (sog. sekundäre progressive Sukzession), die insbesondere auf Niedermoorstandorten bis hin zur Ansiedlung von Gehölzbeständen führt (Schrautzer und Jenssen 1998). Ist mit der Nutzungsaufgabe keine Neuregulierung des Wasserregimes verbunden, so setzt sich die Torfkörperzehrung ungebremst fort (Succow 2003). Sowohl aus ökologischer als auch aus ökonomischer Sicht ist daher eine gemanagte Renaturierung ohne Alternative (Timmermann et al. 2009). Vorrangiges Ziel der Renaturierungsprojekte ist die Wiederherstellung des Stoffrückhaltes und des Natur- und Klimaschutzes.

„Da alle verbreiteten Moornutzungsformen heute in Mitteleuropa mit Moorentwässerungen verbunden sind, ist die Wiedervernässung der wesentliche Bestandteil jeder Moorrevitalisierung" (Timmermann et al. 2009: 67). Um dies zu erreichen, ist ein adäquater Rückbau der Entwässerungssysteme erforderlich (Joosten o.J. (a)). Ziel dieser Moorrevitalisierung muss sein, ein wachsendes, in jeder Hinsicht naturnahes Moor wiederherzustellen, d.h. auch das Torfwachstum wieder zu beleben (Timmermann et al. 2009). Eine wesentliche Voraussetzung, dieses Ziel erreichen zu können, ist, dass der Torfkörper nicht zu stark mineralisiert ist. Eine bodenkundliche Untersuchung aus Schleswig-Holstein kommt zu dem Ergebnis, dass 17% der ehemaligen Moorflächen nicht mehr als Torfböden klassifiziert und damit auch nicht „wiederbelebt" werden können (Landesamt für Natur und Umwelt Schleswig-Holstein 2002).

Ist eine Revitalisierung des Torfkörpers noch möglich, so bedarf es in erster Linie eines Stopps des Wasserabflusses und einer Anhebung des Grundwasserspiegels (Timmermann et al. 2009) auf mindestens 20 cm unter Flur (Ministerium für Landwirtschaft, Umwelt und Verbraucherschutz Mecklenburg-Vorpommern 2009). In der Regel sind dafür „künstliche Entwässerungseinrichtungen wie Gräben, Schöpfwerke, Deiche oder Drainagen" (Timmermann et al. 2009: 67) zu entfernen.

Begleitet wird die Wiedervernässung häufig durch die Ansiedlung von typischen torfbildenden Arten (Yli-Petäys et al. 2007), um so die Herstellung eines möglichst naturnahen Zustands zu beschleunigen. Meist „sind mit der Wiedervernässung bzw. Rücküberstauung große Hoffnungen auf eine Reduzierung der Intensität der Stoffumsetzungsprozesse verbunden und eine Wiederherstellung der Senkenfunktion" (Augustin 2003: 39). Diese ist abhängig vom Grad der Vernässung. Unter sehr günstigen Bedingungen könnte sogar eine Emissionsreduzierung von bis zu 30 t $CO_{2-äq}$ ha^{-1} a^{-1} erzielt werden (Bergmann und Drösler 2009; Joosten o.J. (a)).

In die Treibhausgas-Bilanzierung ist eine weitere indirekte Emissionsquelle mit einzubeziehen, die sich daraus ergibt, dass Moorflächen vorwiegend als Grünflächen für die Viehzucht genutzt werden (Landesamt für Natur und Umwelt Schleswig-Holstein 2002). Das Beispiel Schleswig-Holstein zeigt, dass allein 320.000 Rinder auf Niedermoorgrünland weiden und damit erhebliche Methan-Emissionen verursachen (ibid.). Entfallen diese Emissionen bei Nutzungsaufgabe und werden nicht verlagert (siehe Kapitel 6.4.5), so können sie mit den bei Wiedervernässung auftretenden Methan-Emissionen verrechnet werden.

„Um zu klären, was Moorwiedervernässung eigentlich mittel- und langfristig für das Klima bedeutet" (Joosten o.J. (a): 40), ist es hilfreich, die Rücküberstauung in drei zeitliche Phasen einzuteilen (Dawson und Smith 2007 zitiert in Thompson 2008: 39; Ministerium für Landwirtschaft, Umwelt und Verbraucherschutz Mecklenburg-Vorpommern 2009: 20).

- Phase 1: Die Methan-Emissionen steigen aufgrund der Zersetzung von Pflanzenresten sehr stark an, während die Festlegung von CO_2 sehr gering ist. Die Klimawirkung ist in dieser Stufe negativ.

- Phase 2: Die CH_4-Emissionen sinken ab, es wird sehr viel CO_2 festgelegt. Insgesamt kommt es zu einer Reduzierung der klimarelevanten Wirkungen.

- Phase 3: Das Moor nimmt einen naturnahen Zustand an, sowohl die CH_4-Emissionen als auch die Sequestrierung von CO_2 sind gering. Die Klimabilanz ist ausgeglichen.

Entscheidend für eine Bewertung des Treibhausgas-Potenzials nach Wiedervernässung ist die Dauer der unterschiedlichen Wiedervernässungsphasen (SRU 2008). Joosten und Augustin (2006) haben dafür verschiedene Szenarien berechnet und diese mit den Emissionen verglichen, die ohne Wiedervernässung auftreten würden (Tab. 4.4). Die Ergebnisse zeigen, dass eine Wiedervernässung langfristig das Treibhausgas-Potenzial deutlich reduziert.

Auch die Annahme eines sehr langen Zeitraums für Phase 1 (50 Jahre) senkt die Emissionen noch um 80% gegenüber einem nicht renaturierten Zustand ab (nicht aus Tab. 4.4 ersichtlich). Die Senkenwirkung wiedervernässter Moore kann je nach Bedingungen über Jahrhunderte oder Jahrtausende andauern (Hirschfeld 2008).

Festzuhalten ist, dass eine Renaturierung von Moorstandorten aus klimatischer Sicht grundsätzlich wünschenswert ist, denn sie reduziert mittel- bis langfristig die ausgestoßenen Treibhausmengen deutlich (Thompson 2008) bzw. kann (unter bestimmten Bedingungen) eine Senkenfunktion wieder herstellen. Trotzdem muss davon ausgegangen werden, dass eine starke Degradation auch zu Schäden im Boden geführt hat, z.b. im Bezug auf die Wasserleitfähigkeit, so dass eine Herstellung des ursprünglichen Zustandes nur langfristig wieder eintreten kann (Höper 2007; Schwill 2003).

Tab. 4.4. Geschätztes Treibhausgas-Potenzial eines Niedermoores in Weißrussland nach der Wiedervernässung

Mineralisationsrate	Drainiertes Niedermoor $CO_{2\text{-äq}}$ [kg ha^{-1} a^{-1}]	Wiedervernässtes Niedermoor $CO_{2\text{-äq}}$ [kg ha^{-1} a^{-1}]		
	Phase 0	Phase 1 1-5 Jahre	Phase 2 5-20 Jahre	Phase 3 > 20 Jahre
Hoch	+ 18.713	+ 23.992	- 1.113	0
Niedrig	+ 5.112	+ 10.027	- 1.113	0

Quelle: Eigene Darstellung nach Joosten und Augustin (2006: 416).

War Moorrenaturierung anfänglich grundsätzlich mit einer Nutzungsaufgabe verbunden, so gibt es bereits seit geraumer Zeit Bestrebungen, anstelle einer mit einer weiteren Degradierung einhergehenden Moorbewirtschaftung nun moorschonende Nutzungsformen zu etablieren (Kowatsch et al. 2008). Dabei gilt es Nutzungsformen zu finden, die sowohl das Ökosystem Moor erhalten und das Klima schützen als auch wirtschaftlich interessant sind (Eberts 2004; Timmermann et al. 2009). Bisherige moorschonende Nutzungsformen (z.B. extensive Grünlandnutzung) sind ausschließlich in existierende „Betriebsstrukturen eingepasst" (Kowatsch et al. 2008: 40).

Neben der so genannten „moorschonenden Grünlandbewirtschaftung" (Roth et al. 2001: 473) befinden sich derzeit andere Kulturverfahren, so genannte Paludikulturen[37] in der Erprobungsphase. Dabei handelt es sich um die Bewirtschaftung unterschiedlichster Pflanzenarten unter sehr nassen Bedingungen, dessen Ziel zum einen die nachhaltige Produktion von Roh- oder Brennstoffen, zum anderen eine Torfbildung oder zumindest eine Torferhaltung ist (Timmermann et al. 2009). Paludikulturen versuchen damit explizit den Moor- bzw. Klimaschutz mit einer landwirtschaftlichen Wertschöpfung zu verbinden (Wichmann und Wichtmann 2009). Den Erträgen der standortangepassten Anbauverfahren kommt dabei der hohe Nährstoffgehalt der ehemals landwirtschaftlichen Flächen zugute, dies ermöglicht die Erreichung von Zielen des Artenschutzes jedoch nur sehr langfristig (Timmermann et al. 2009).

Am häufigsten in der Erprobung ist die Kultivierung von Schilf (*Phragmites australis*), Rohrglanzgras (*Phalaris arundinacia*), Breitblättrigem Rohrkolben (*Typha arundinacea*), Gemeinem Wasserschwaden (*Glyceria maxima*), verschiedenen Seggen-Arten (insbesondere *Carex acuta, C. acutiformis, C. paniculata, C. riparia)* und von Schwarzerlen (*Alnus glutinosa*) (Wichtmann 2003; Timmermann et al. 2009). Daneben gibt es auch Versuchsflächen für die Torfmooskultivierung sowie den Anbau der Amerikanischen Heidelbeere (*Vaccinium corymbosum*) und der Großfrüchtigen Moosbeere (*Vaccinium macrocarpon*).

Im Folgenden wird aufgrund des derzeit verfügbaren Forschungsstandes die Renaturierung von Niedermooren mit Hilfe der Erlenaufforstung näher untersucht. Sie dient als Referenz für eine exemplarische Kosten-Effizienz-Analyse. Daneben werden, wenn nötig, auch Daten aus anderen Paludikulturverfahren einbezogen, um einen möglichst umfassenden Überblick über

---

[37] Von palus [lat.] = Sumpf (vgl. Timmermann et al. 2009: 82).

die Kosten, Nutzen und Grundsatzfragen der moorschonenden Bewirtschaftung zu ermöglichen.

5. Fallbeispiel: Erlenaufforstung auf Niedermooren

Das Beispiel der Renaturierung bei gleichzeitiger Anpflanzung von Schwarzerlen (*Alnus glutinosa*) wurde ausgewählt, weil dies zurzeit eine der am besten untersuchten Methoden für die Wiedervernässung von Niedermooren in Deutschland ist (Schäfer 2008). Außerdem erfüllt es die wichtige Voraussetzung, unter bestimmten Umständen sowohl ökologisch verträglich und klimaschonend als auch wirtschaftlich rentabel zu sein (Eberts 2004; Schäfer 2009; Timmermann et al. 2008). Obwohl auf norddeutschen Niedermooren erprobt, lassen sich wichtige Erkenntnisse des ALNUS-Projektes (siehe Kapitel 5.1) auch auf die übrigen Bundesländer sowie andere Länder Mitteleuropas übertragen (Schäfer 2005 (b)).

„Erlenwälder sind äußerst selten und hochgradig schützenswürdig, da sie Lebensraum für eine große Zahl seltener Pflanzen- und Tierarten bieten" (Kowatsch et al. 2008: 27). Damit kommt ihnen in Zukunft möglicherweise eine wichtige Funktion bei der Wiedervernässung von Mooren und zur Wiederherstellung bestimmter ökologischer Leistungen zu. Im Folgenden wird das Forschungsprojekt ALNUS in die zentralen Bestandteile einer Kosten-Effizienz-Analyse zerlegt und im Einzelnen untersucht.

5.1 Schwarzerlenbestockung als naturnahe Nutzungsform

„Grundsätzlich ist auch eine land- und forstwirtschaftliche Nutzung vernässter Moorböden mit den Zielen des Klimaschutzes vereinbar" (Trepel 2008: 71). Dies kann aber keine Landwirtschaft im herkömmlichen Sinne sein (Wichtmann und Schäfer 2007), sondern die Nutzung muss an die natürlichen Moorgegebenheiten angepasst werden. Eine Form dieser Nutzung von Niedermooren nach ihrer Wiedervernässung ist die Aufforstung mit Schwarzerlen. Wälder auf Mooren führen entgegen anderslautender Annahmen (Graßl et al. 2003) nicht automatisch zum Ende des Torfwachstums oder zum Einsetzen der Torfzehrung (Koska et al. 2003) und damit zu einer geringeren Kohlenstofffestlegung bzw. zu einer Kohlenstofffreisetzung.

Gehölze tolerieren in aller Regel keine dauerhafte Wassersättigung im Wurzelraum. Daher können sich Gehölze unter natürlichen Bedingungen in Mooren nur dann erfolgreich etablieren, wenn die Wasserstände labil sind (dies ist oft bei kleinen Moorkörpern der Fall) oder ein klimatisch bedingtes temporäres Wassersättigungsdefizit auftritt (Dierßen und Dierßen 2008). An eutrophen (d.h. nährstoffreichen) Nassstandorten auf Niedermoortorfen sind Erlen-Bruchwälder die vorherrschende Waldgesellschaft in Mitteleuropa (Bohn et al. 2003). Naturnah erhaltene Erlen-Bruchwaldbestände mit intaktem Wasserhaushalt sind heute selten in Deutschland, und wenn, dann zumeist nur kleinflächig erhalten. Sie beherbergen eine „große Zahl seltener Pflanzen- und Tierarten" und sind daher „hochgradig schützenswürdig" (Barthelmes et al. 2005: 27). Zur Fauna zählen seltene und gefährdete Arten wie Kranich (*Grus grus*), Fischotter (*Lutra lutra*), Waldwasserläufer (*Tringa ochropus*) oder der Schwarzstorch *(Ciconia nigra)*, zur Flora zählen seltene und gefährdete Arten wie Sumpf-Schaumkraut (*Cardamine dentata*), Wasserfeder (*Hottonia palustris*) oder Zungen-Hahnenfuß (*Ranunculus lingua*) (ibid.). Erlen-Bruchwälder bilden zudem das Endstadium der Sukzessionsprozesse bei der Nutzungsaufgabe ehemals bewirtschafteter (und damit in der Regel eutrophierter) Niedermoorstandorte (Schrautzer und Jenssen 1998). Eine Bewirtschaftung mit Erlen kann daher prinzipiell als alternative Landnutzungsform zur nachhaltigen Produktion von Biomasse auf wiedervernässten Moorstandorten angesehen werden (Timmermann et al. 2009).

Im Rahmen des von der Deutschen Bundesstiftung Umwelt (DBU) geförderten Forschungsvorhabens „ALNUS" (Laufzeit 2002 - 2005) wurde die „Renaturierung von Niedermooren durch Schwarzerlenbestockung" auf Versuchsflächen im Trebeltal in Mecklenburg-Vorpommern intensiv untersucht (siehe Barthelmes et al. 2005). Ziel war, ein Verfahren zu entwickeln, welches sowohl die Umweltschäden minimiert als auch die Produktion von Erlenwert- und Energieholz ermöglicht (Schäfer 2005 (a)). Dabei wurden erstmals „Umweltverträglichkeit und Wirtschaftlichkeit im Bereich der Waldnutzung auf Mooren verbunden" (ibid.: 114). Wiedervernässung und Erlenaufforstung sollten mit dem Leitbild eines naturnahen Ökosystems in Einklang stehen. Drei Aspekten kommt dabei eine besondere Bedeutung zu (siehe dazu Barthelmes et al. 2005):

i) Biodiversität (Schaffung von Lebensräumen für gefährdete Tier- und Pflanzenarten),

ii) Klimaschutz (Stopp von Spurengas-Emissionen und die Wiederherstellung der Senkenwirkung) und

iii) Nachhaltigkeit (Produktion von hochwertigen Holzprodukten).

Der Klimaschutz und die Nachhaltigkeit der Produktion sollten einen Kompromiss zwischen den Zielen des Klimaschutzes und der ökonomischen Rentabilität darstellen. Ersteres macht einen möglichst hohen Wasserstand wünschenswert (Wasserstufe[38] 5+ = $\varnothing$ 25 cm unter Flur) (Barthelmes et al. 2005), denn je stärker der Torfkörper mit Wasser bedeckt ist, umso stärker sinken auch die Mineralisierung- und damit die Emissionsraten. Gegen einen hohen Wasserstand spricht allerdings, dass die Schwarzerle häufig unter Kernfäule leidet, die bei höheren Wasserständen vermehrt auftritt (Eberts 2004). Darüber hinaus ist aus forstlicher Sicht auf kurze Umtriebszeiten[39] (bei Erlen schon nach 30 Jahren), ein schnelles Jugendwachstum und qualitativ gutes Holz zu setzen (ibid.). Dies führt zu einer hohen Senkenwirkung im Holz, macht aber auch geringe Wasserstände erforderlich (Wasserstufe < 4) (Barthelmes et al. 2005).

---

[38] Wasserstufen nach Barthelmes et al. (2005), Anhang A2.
[39] Dies ist die Zeit des Wachstums bis zur nutzbaren Baumgröße (vgl. Graßl et al. 2003).

Für Erlenholz gibt es vielfältige Verwendungsmöglichkeiten: als Furnierholz, im Wasserbau, als Massivholzmöbel oder Bau- und Werkstoff (Barthelmes et al. 2005). Daneben gibt es, je nach Bedingungen und Bewirtschaftung, einen variablen Teil an Restholz als Substitut für fossile Energieträger, welcher sich als Synthesestoff für Biokraftstoffe oder zum Beispiel in Form von Holzhackschnitzeln oder Pellets zum Heizen eignet (DBU 2008). Die so gewonnenen Erlöse können dazu dienen die Kosten der Renaturierung zu decken.

Zusammenfassend empfiehlt die Studie für einen betriebswirtschaftlich rentablen Erlenanbau auf Niedermooren, der gleichzeitig einen Klimaschutznutzen verspricht, nährstoffreiche, halbnasse Standorte (Wasserstufe 4 = ∅ 10 cm unter Flur) (Barthelmes et al. 2005).

5.2 Ökonomische Analyse

Im Folgenden werden die volks- und betriebswirtschaftlichen Berechnungen der ALNUS-Projektstudie näher untersucht.

Volkswirtschaftliche Betrachtung

Die volkswirtschaftliche Analyse rechnet stets konservativ, gegebenenfalls vorhandene Förderungen werden nicht berücksichtigt (Barthelmes et al. 2005; siehe auch Kapitel 6.5.2). Unter Annahmen von normalen Wuchsbedingungen (Variante 1 = „normale Pflanzenherkunft[40] und waldbauliche Pflege, wüchsiger Standort, Furnierholzanteil 10%"), einer Entnahme von 120 fm[41] ha^{-1} im Endbestand[42] (ibid.) und einer Umtriebszeit von 65 Jahren kann mit einem Erlös von 12.960 € ha^{-1} gerechnet werden (siehe Tab. 5.1).

---

[40] "Pflanzenherkunft bezeichnet hier die genetische Veranlagung der Erlen hinsichtlich der Wuchseigenschaften" (Barthelmes et al. 2005: 13). Die einzelnen Bundesländer geben dafür Empfehlungen für geeignete Lokalrassen aus (Barthelmes et al. 2005: 43).

[41] fm = Festmeter. 1 fm = 1 Kubikmeter

[42] Ausgehend von 10% Qualitätsholz (300 € fm^{-1}), 70% Sägeholz (100 € fm^{-1}) und 20% Restholz (40 € fm^{-1}).

Dabei sind die Erntekosten von pauschal 30 € ha^{-1} mit den Erlösen etwa kostendeckend und deshalb nicht angegeben (ibid.).

Den Holzerlösen stehen Kosten für Bestandsbegründung, Wiedervernässung, Verwaltung (laufend), Jungwuchs- und Jungbestandspflege (nach 8, 12, 16 und 20 Jahren) und Durchforstung (im Alter von 30, 40 und 50 Jahren) gegenüber (ibid.). Beispielhaft für laufende Kosten sei hier die Berechnung des Verwaltungsbeitrages aus Tabelle 5.1 erläutert. Da die Ernte der Erlenholzerträge nach 65 Jahren erfolgt, beläuft sich auch der Bewertungszeitraum auf 65 Jahre. Bei jährlichen Verwaltungskosten von 65 € ha^{-1} führt dies zu einen Gegenwartswert[43] von 1.423 € ha^{-1} (3%) bzw. 1.810 € ha^{-1} (2%).

Die unterschiedlichen Zahlungsströme zum Zeitpunkt der Begründung (Kowatsch et al. 2008) werden zu einem Gegenwartswert diskontiert, welcher sich aus der „Aufforstung und der Fortdauer der Waldbewirtschaftung über eine unendliche Zahl von Umtriebszeiten" (Eberts 2004: 28) ergibt (siehe dazu Tab. 5.1 und Kapitel 6.2). In der Summe (Gegenwartswert) ergeben sich in Variante 2 („gute Pflanzenherkunft, beste waldbauliche Pflege, sehr wüchsiger Standort, 50% Furnierholz") bei einem Zinssatz von 3% Kosten von 3.792 € ha^{-1}, bei einem niedrigeren Zinssatz von 2% immerhin noch 2.593 € ha^{-1} (Barthelmes et al. 2005). Nur bei sehr guten Wuchsbedingungen (Variante 2) und bei niedrigem Zinssatz (2%) ist somit mit einem Erlös von 234 € ha^{-1} zu rechnen (ibid.).

---

[43] Der Gegenwartswert ist eine Abzinsung und anschließende Summierung zukünftiger periodischer und laufender Zahlungen auf heutige Bestandsgröße (vgl. Hampicke 1991). Er wird auch Barwert oder engl. Net Present Value bezeichnet.

Tab. 5.1. Laufende Kosten/Erlöse und der Gegenwartswert der Erlenwirtschaft

Jahr	Kosten/Erlöse in €	Gegenwartswert	
t	laufend	Zinssatz 3% $[€\,ha^{-1}\,a^{-1}]$	Zinssatz 2% $[€\,ha^{-1}\,a^{-1}]$
Bestandsbegründung	0	- 2.600	- 2.600	- 2.600
Wiedervernässung	0	- 1.000	- 1.000	- 1.000
Verwaltung	lfd.	- 50	- 1.423	- 1.810
Jungwuchspflege	8	- 250	- 197	- 213
Jungbestandspflege	12	- 250	- 175	- 197
Jungbestandspflege	16	- 250	- 156	- 182
Jungbestandspflege	20	- 250	- 138	- 168
Durchforstung (im Alter von 30, 40, 50 Jahren)	30 - 50	0	0	0
Endnutzung Variante 1	65	+ 12.960	+ 1.898	+ 3.578
Endnutzung Variante 2	65	+ 23.200	+ 3.397	+ 6.404
Summe Variante 1			- 3.792	- 2.593
Summe Variante 2			- 2.293	+ 234

Quelle: Eigene Darstellung nach (Barthelmes et al. 2005: 17).

Der Gegenwartswert einer einmaligen Periode wird in den Bodenerwartungswert[44] („Ewige Rente") einer unbegrenzten Periode umgewandelt (siehe Kapitel 6.2). „Damit wird der Tatsache Rechnung getragen, dass forstwirtschaftliche Produktionsverfahren langfristige, über mehrere Jahrzehnte dauernde Zeiträume beanspruchen, bis auf einer aufgeforsteten Fläche erstmals erntekostenfreie Erlöse aus Durchforstungen und am Ende der

---

[44] „Ein unbestockter (Wald-)Boden wird bewertet, für den das Bewertungssubjekt die Anlage einer Kultur plant" (Moog o. J.: 33). Die Begriffe Bodenerwartungswert und Bodenertragswert sind als Synonyme zu betrachten (vgl. Oestern und Roeder 2002: 204).

Umtriebszeit die der Endnutzung realisiert werden können" (Kowatsch et al. 2008: 14). Die Produktionsperiode wird dabei als unendliche Wiederholung angenommen (ibid.). Der Bodenerwartungswert beträgt dann – bei einem Zinssatz von 3% – für Variante 1 -133 € ha^{-1} a^{-1} (Tab. 5.2) (Barthelmes et al. 2005).

Tab. 5.2. Volkswirtschaftliche Rentabilitätserwartungen der Erlenaufforstung auf Niedermooren

	Variante 1		Variante 2	
	Zinssatz 3% [€ ha^{-1} a^{-1}]	Zinssatz 2% [€ ha^{-1} a^{-1}]	Zinssatz 3% [€ ha^{-1} a^{-1}]	Zinssatz 2% [€ ha^{-1} a^{-1}]
Endnutzung	+ 1.898	+ 3.578	+ 3.397	+ 6.404
Summe Gegenwartswert	- 3.792	- 2.593	- 2.293	+ 234
Bodenerwartungswert	- 133	- 72	- 81	+ 6

Quelle: Eigene Darstellung nach Barthelmes et al. (2005: 17ff).

Aus volkswirtschaftlicher Sicht sind ökologische Leistungen ebenfalls in die ökonomische Betrachtung mit einzubeziehen (Barthelmes et al. 2005). Diese können zum Teil auch monetär bewertet werden. In die obigen Kalkulationen ist die Honorierung von ökologischen Leistungen jedoch noch nicht eingeflossen (ibid.).

Eine der wichtigsten ökologischen Funktion von Mooren ist ihr Beitrag zur Stabilisierung des Klimas durch Sequestrierung von Kohlenstoff. Bei der Entwässerung von Niedermooren und Grünlandnutzung können diese Emissionen bis zu 24.000 kg $CO_{2-äq}$ ha^{-1} a^{-1} betragen[45] (ibid.).

---

[45] In Kapitel 4.2.2 wurde die Zahl 4.794 kg $CO_{2-äq}$ ha^{-1} a^{-1} für Emissionen aus Grünlandnutzung als Median genannt. Aus Gründen der Konsistenz verwenden wir die Zahl der ALNUS-

Eine Wiedervernässung kann diese Treibhausgasfreisetzung verhindern. Zusätzlich kann sie auch durch Torfwachstum bis zu 3.700 kg $CO_{2-äq}$ ha^{-1} a^{-1} (Versumpfungsmoor) dauerhaft festlegen und im optimalen Fall 3.000 bis 80.000 kg $CO_{2-äq}$ ha^{-1} a^{-1} temporär im Erlenholz binden (ibid.). Insgesamt ergibt sich eine Menge von (konservativ geschätzten) 30.000 kg $CO_{2-äq}$ ha^{-1} a^{-1}, die gegenüber einer Grünlandnutzung vermieden werden können (Schäfer 2005 (b)).

Die weitere Verwendung des Holzes bestimmt, wie, wann und ob der gespeicherte Kohlenstoff wieder in die Atmosphäre gelangt. Wird das Holz zur Substitution fossiler Energieträger genutzt, so fließt es als dauerhaft vermiedene Emissionen in die Berechnung ein (Barthelmes et al. 2005).

Für die Erlenaufforstungen auf wiedervernässten Niedermoorstandorten ergeben sich im Torf des Projektgebietes Speicherpotenziale von 0 bis 2.370 kg $CO_{2-äq}$ ha^{-1} a^{-1}. Erfolgt eine vollständige energetische Verwertung des Holzes nach 65 Jahren, so können 420.000 kg $CO_{2-äq}$ ha^{-1} Heizöl substituiert werden (ibid.). Dies entspricht einer jährlichen Einsparung von 6.000 kg CO_2 ha^{-1}. Wird nur das Durchforstungsholz für energetische Zwecke genutzt, so ergibt sich dadurch immer noch eine Substitution von 660 Litern Heizöl und damit 2.000 kg CO_2 ha^{-1} a^{-1} (ibid.).

Betriebswirtschaftliche Betrachtung

Wird die Erlenaufforstung auf wiedervernässten Niedermooren im Rahmen einer betriebswirtschaftlichen Rentabilitätsberechnung analysiert, so ergibt sich ein etwas anderes Bild. In Mecklenburg-Vorpommern werden eine Reihe „forstwirtschaftlicher Maßnahmen mit dem Ziel der Waldmehrung und der Verbesserung forstlicher Rahmenbedingungen gefördert" (Barthelmes et al. 2005: 19). Unter anderem werden die Bestandsbegründung,

---

Studie von 24.000 kg $CO_{2-äq}$ ha^{-1} a^{-1}, wobei es sich offensichtlich um den Maximalwert handelt. Wir weisen darauf hin, dass die Daten aufgrund von methodischen Problemen und einer geringen Anzahl an Messpunkten nur begrenzt aussagekräftig sind.

die Kulturpflege, die Nachbesserung, die Jungwuchs- und Bestandspflege und die Erstaufforstung gefördert (siehe Tab. 5.1).

Die Diskontierung der Förderung zum Gegenwartswert bei einem Zinssatz von 2% ergibt eine Fördersumme von 8.476 € ha^{-1} a^{-1} (ibid.), jeweils unter Berücksichtigung der unterschiedlichen Förderdauer (Tab. 5.3).

Tab. 5.3. Betriebswirtschaftliche Rentabilitätserwartungen der Erlenaufforstung auf Niedermooren

	Variante 1		Variante 2	
	Zinssatz 3% [€ ha^{-1} a^{-1}]	Zinssatz 2% [€ ha^{-1} a^{-1}]	Zinssatz 3% [€ ha^{-1} a^{-1}]	Zinssatz 2% [€ ha^{-1} a^{-1}]
Endnutzung	+ 1.898	+ 3.578	+ 3.397	+ 6.404
Summe Gegenwartswert der Förderung	+ 8.001	+ 8.476	+ 8.001	+ 8.476
Bodenerwartungswert der Förderung	+ 240	+ 169	+ 240	+ 169
Bodenerwartungswert VWL	- 133	- 72	- 81	+ 6
Betriebswirtschaftliche Rentabilität	+ 107	+ 97	+ 159	+ 175

Quelle: Eigene Darstellung nach Barthelmes et al. (2005: 18ff).

Dies ergibt umgerechnet in einen Bodenerwartungswert und mit dem volkswirtschaftlichen Bodenerwartungswert addiert einen Erlös von 97 € ha^{-1} a^{-1} (Variante 1, Zinssatz 2%) (Barthelmes et al. 2005). Somit ist die Erlenaufforstung auf wiedervernässten Niedermooren bei Ausschöpfung der staatlichen Förderung, insbesondere der Erstaufforstungsprämie, auch bei konservativer Rechnung als rentabel einzustufen (ibid.). Sind die Wuchsbedingungen besser (Variante 2, Zinssatz 2%), so kann ein Erlös von bis zu 175 € ha^{-1} a^{-1} erzielt werden (Tab. 5.3).

Bei den Ergebnissen ist zu berücksichtigen, dass im Zuge der Reform der „Richtlinie zur Förderung forstwirtschaftlicher Maßnahmen" in Mecklenburg-Vorpommern im Jahr 2008 der Zeitraum der Förderung von Erstaufforstungen von 20 auf 6 Jahre gekürzt wurde (Ministerium für Landwirtschaft, Umwelt und Verbraucherschutz Mecklenburg-Vorpommern 2007). Kowatsch et al. (2008) kommen aufgrund eigener, neuerer Berechnungen der Fördersummen nur noch zu einem Erlös von 36 € ha^{-1} a^{-1} für Variante 1 und von 144 € ha^{-1} a^{-1} für Variante 2 (jeweils Zinssatz 2%).

Schlussfolgerung

Aus volkswirtschaftlicher Sicht zeigt sich, dass ohne Subventionen und/oder monetäre Vergütung der ökologischen Leistungen eine Erlenaufforstung auf Niedermooren nur kostendeckend oder defizitär möglich ist. Dies gilt allerdings auch für die ursprüngliche Nutzung als Grünland.

Eine betriebswirtschaftlich rentable Erlenwertholzproduktion kann dagegen beim derzeitigen Holzpreis und unter Ausschöpfung der öffentlichen Förderung auf gutwüchsigen Standorten erfolgen. Wird eine Moorrenaturierung mit Hilfe von Erlen unter dem Gesichtspunkt einer kostengünstigen Treibhausgas-Vermeidungsstrategie betrachtet, so ergeben sich sehr günstige Vermeidungskosten von 0 bis 2 € je t $CO_{2\text{-}äq}$ (Schäfer 2010). Der CO_2-Zertifikatepreis im Rahmen des europäischen Emissionszertifikatehandels schwankte an der European Energy Exchange (EEX) von Juli 2009 bis heute zwischen 6 und 16 € und liegt somit deutlich höher (EEX 2012).

Zudem ist davon auszugehen, dass durch die weiter steigende Nachfrage nach fossilen Energieträgern auch mit einem höheren Bedarf und damit höheren Preisen für Energieholz zu rechnen ist.

6. Möglichkeiten und Potenziale einer Kosten-Effizienz-Analyse

Im ersten Unterkapitel findet eine theoretische Auseinandersetzung mit dem Konzept der KNA statt. Daran schließt sich eine Erläuterung der Probleme an, die sich aus den langen, teils unsicheren zeitlichen Dimensionen des Umgangs mit Umweltgütern ergeben.

Dem folgt eine Untersuchung der einzelnen Schritte einer Kosten-Effizienz-Analyse, dargestellt am Beispiel der Erlenaufforstung auf Niedermooren. Dafür werden die indirekten und direkten Nutzen sowie die indirekten und direkten Kosten unterschieden. Abschließend wird eine Vielzahl von grundsätzlichen Fragen behandelt, die von den unterschiedlichsten Abwägungen, Faktoren und politischen Entscheidungen abhängig sind. Das Ziel ist es, Aussagen für den Umgang mit diesen Schwierigkeiten zu treffen und Lösungsansätze aufzuzeigen.

6.1 Konzept der Kosten-Nutzen-Analyse

Die ökonomischen Gründe, die zu einer nicht-nachhaltigen Nutzung von Mooren geführt haben und heute noch führen, wurden in Kapitel 4.1 erläutert. Nun werden Lösungsstrategien erörtert, die bei einer Wiederherstellung von naturnahen Moorstandorten helfen können.

Seit einigen Jahren herrscht weitgehend Einigkeit darüber (exemplarisch IPCC 2007), dass eine erhöhte Konzentration von Treibhausgasen in der Atmosphäre negative Auswirkungen auf unser Klima hat (siehe Kapitel 2). Eine Vermeidung bzw. Verminderung von Emissionen, z.B. durch Moorrenaturierung, verhindert Schäden und stiftet somit einen Nutzen (Eberts 2004; Michaelis 1996; Wicke 1993). Umgekehrt stellt ein Schaden einen entgangenen Nutzen dar (Hampicke 1996). Mit Maßnahmen zur Vermeidung oder Speicherung von Treibhausgasen sind Kosten verbunden.

Somit liegt es nahe, mit Hilfe einer KNA ökonomisch zu überprüfen, ob die gewählte Maßnahme ein kostenminimales Mittel ist, um eine Zielvorgabe zu erreichen (Kächele 1999; Wicke 1993). Die KNA ist eine Teildisziplin der individualistischen Wohlfahrtsökonomie und versucht die Wirtschaftlichkeit einer Maßnahme zu bewerten (Hanusch 2004). Wirtschaftlich ist eine Maßnahme dann, wenn der Nutzen die durch sie verursachten Kosten übersteigt, also das Nutzen-Kosten-Verhältnis positiv ist. Je größer die Differenz zwischen Nutzen und Kosten ist, umso mehr steigt der Nettonutzen an. Eine KNA soll dabei helfen, verschiedene Alternativen gegeneinander abzuwägen.

„Der Grenznutzen, den die Speicherung {oder Vermeidung, Anm. der Verf.} einer Tonne CO_2 erbringt, ist allerdings schwer zu bestimmen. Dieser entspricht dem Grenzschaden, den eine Tonne CO_2 verursacht" (Eberts 2004: 27). Aus ökonomischer Sicht ist es daher das Ziel, die Emissionen soweit zu senken, dass die Grenzkosten – also die zusätzlichen Umweltkosten pro emittierter Schadstoffeinheit – den Grenznutzen entsprechen (pareto-optimaler Zustand) (siehe Kapitel 4.1). Hier hat die Summe aus Vermeidungskosten und verbleibenden Schäden ihr Minimum[46] (Michaelis 1996).

Den Grenzschaden – also den Schaden, den eine zusätzliche Tonne CO_2 verursacht – genau zu quantifizieren ist in der Praxis allerdings so gut wie unmöglich (Schäfer und Degenhardt 1999). Darüber hinaus sind Schäden des Klimawandels, wie der Verlust an Biodiversität, oft nur schwer monetär messbar und/oder liegen in der Zukunft (Schäfer und Degenhardt 1999; Witte et al. 1992). Schäfer (2009) präsentiert hier aufgrund unterschiedlicher Zeithorizonte, Diskontraten und regionaler Schadensverteilungen Werte von 14 bis 300 € je Tonne $CO_{2\text{-äq}}$. Da die minimalen Schadenskosten so stark variieren, kann quasi jede Schadensfunktion aufgestellt werden.

---

[46] Dies darf nur als Modell betrachtet werden und nicht als Wiedergabe der Wirklichkeit. Streng genommen hängen die Auswirkungen im Modell direkt von den Emissionen ab ohne Akkumulationsvorgängen zu unterliegen (Michaelis 1996).

Während bei weniger komplexen Sachverhalten Aussagen zu Ursache-Wirkungsbeziehung und Nutzen-Kosten-Relationen gemacht werden können, gelingt dies bei zunehmender Komplexität eines Themas – wie dem Klimawandel – nicht mehr in ausreichendem Maße (Dehnhardt et al. 2008). Damit sind die Kosten und Nutzen von Vermeidungsmaßnahmen nur unzureichend miteinander vergleichbar. Aufgrund dieser Schwierigkeiten „werden Wirtschaftlichkeitsuntersuchungen für diese Maßnahmen vielfach nur auf der Basis der betriebswirtschaftlichen Nutzen und Kosten durchgeführt" (Witte et al. 1992: 28). Dies führt häufig zu einer Unterbewertung der Nutzenseite, damit zu ökonomischer Ineffizienz (Pruckner 2003) und einer Unterschätzung der Rentabilität von Umweltmaßnahmen (Witte et al. 1992).

Volkswirtschaftlich durchgeführte KNA können oftmals nur eine sehr ungefähre Schätzung der Schadensfunktion liefern (Michaelis 1996).

Aufgrund der dargelegten Problematik bietet es sich an, Aufforstungs- oder Renaturierungsprojekte mit Hilfe einer Unterform der KNA, einer sog. Kosten-Effizienz- oder Kosten-Wirksamkeits-Analyse, zu überprüfen[47]. Bei einer Kosten-Wirksamkeits-Analyse werden die monetär erfassten Projektkosten den nicht monetär erfassten Projektwirkungen gegenübergestellt (Dehnhardt et al. 2008). Sie unterscheidet sich also dadurch von der KNA, dass ein normatives, nicht monetäres Ziel exogen festgesetzt wird, welches mit minimalen volkswirtschaftlichen Kosten erreicht werden soll[48] (Eberts 2004; Wicke 1993).

Im Fall der Moorrenaturierung ist dieses Ziel die Einsparung einer Tonne $CO_{2\text{-äq}}$. Die Einsparung stellt somit den Nutzen dar und nicht wie bei der KNA die Verhinderung des Schadens (Witte et al. 1992). Trotzdem wird

---

[47] Siehe z. B. Eberts (2004), Hofmeister (2006), Wicke (1993) und Witte et al. (1992).
[48] „Der Grenznutzen der Reduzierung (= der vermiedene Grenzschaden von CO_2) wird dabei als konstant angesehen" (Eberts 2004: 28).

ein monetärer Schaden durch die Maßnahmen verhindert und damit auch ein nicht näher zu quantifizierender monetärer Nutzen generiert (Eberts 2004).

Die Nutzen werden zu den Gesamtkosten des Projektes – wie Investitions-, Bau- und Planungskosten – in Relation gesetzt. Der Quotient aus beiden steht für die Kosteneffizienz einer Maßnahme und gibt die Kosten pro festgelegter Einheit $CO_{2\text{-äq}}$ an (Eberts 2004). Diese Kosten werden auch als Grenzvermeidungskosten oder Zielerreichungskosten bezeichnet (UBA 2007). Daneben gibt es noch eine Reihe von sekundären, indirekten Nutzen, die hier nicht im Fokus stehen, aber dennoch kurz betrachtet werden (siehe Kapitel 6.3.2).

Durch den Vergleich unterschiedlicher Klimaschutzmaßnahmen mit Hilfe einer Kosten-Effizienz-Analyse kann das gegebene Ziel der Reduzierung von Treibhausgasen zu geringst möglichen gesamtwirtschaftlichen Kosten erreicht werden (Eberts 2004; Wicke 1993).

Für dieses Fallbeispiel werden entsprechend der vorgegebenen Zielstellung, dem Klimaschutz durch Moorrenaturierung, die Maßnahmenkosten und -nutzen, die unmittelbar auf das Ziel gerichtet sind, als direkte Kosten und Nutzen definiert (Dehnhardt et al. 2008). Vor- und Nachteile, die nicht unmittelbar dem Klimaschutz dienen, werden als indirekte Wirkungen mit entsprechenden Kosten und Nutzen behandelt (ibid.). Die theoretischen Überlegungen werden im Folgenden durch Daten aus dem ALNUS-Fallbeispiel (siehe Barthelmes et al. 2005) verdeutlicht und darüber hinaus durch Ergebnisse aus bisherigen Forschungsprojekten zu Paludikulturen auf Niedermooren ergänzt.

6.2 Relevanz der Zeit

Um die betriebswirtschaftlichen Kosten und Nutzen der Wiedervernässung einordnen zu können, sind zunächst der zu analysierende Zeitrahmen, die Art der Kosten (kontinuierlich, einmalig) und der Zeitpunkt der Entrichtung zu unterscheiden (Dehnhardt et al. 2008). Besonders problematisch ist, dass die Kosten und die Nutzen einer Renaturierung sowohl in den Zeitpunkten (Wicke 1993) als auch in der Häufigkeit (einmalig, periodisch, variabel) asymmetrisch anfallen (Michaelis 1996). Die Kosten sind am Anfang hoch und nehmen danach ab, für den Nutzen, insbesondere den Klimaschutznutzen, verhält es sich genau umgekehrt. Dieser fällt aufgrund der zeitverzögerten Reaktion des klimatischen Systems erst in ferner Zukunft an. Daraus resultieren entscheidungsrelevante Konsequenzen, da die Kosten jetzt zu tragen sind, der Nutzen aber nicht gesichert ist (Dahms 2009; siehe Kapitel 6.5.1).

Um diese unterschiedlichen zukünftigen Kosten- und Nutzenkomponenten temporal zu homogenisieren und damit auf einen gemeinsamen Bezugspunkt zu bringen (Hanusch 2004), ist es sinnvoll sie mittels finanzmathematischer Methoden auf einen sog. Gegenwarts- oder Barwert[49] (Kapitalisierung) umzurechnen (Dehnhardt et al. 2008). Dabei werden die zukünftigen periodischen und laufenden Zahlungen des gesamten Planungshorizonts auf heutige Bestandsgrößen positiv abgezinst (diskontiert) und anschließend summiert (Hampicke 1991). Ist die diskontierte Summe der Erträge größer als die der Kosten, ist die Investition lohnenswert.

6.2.1 Diskontierung

Wird der Wert einer zukünftigen Zahlung für einen Zeitpunkt berechnet, der vor dem der Zahlung liegt, wird dies als Diskontierung oder Abzinsung

---

[49] Alternativ wäre auch eine Umrechung in unendliche Periodenkosten möglich (Verrentung) (Hampicke 2009).

bezeichnet (Hampicke 2009). Diskontierung stellt also den Vorgang der zeitlichen Homogenisierung von Kosten, aber auch Nutzen dar (Hanusch 2004). Eine Diskontierung von Umweltgütern und die damit verbundene „Zeitpräferenzrate"[50] sind ein überaus komplexes und in der wirtschaftswissenschaftlichen Literatur kontrovers diskutiertes Thema (Michaelis 1996), welches hier nur kurz angesprochen wird[51]. Die Standpunkte reichen von einer völligen Ablehnung der Diskontierung von Umweltgütern bis zu sehr hohen Diskontraten (ibid.). Die Höhe der angenommenen Diskontrate ist entscheidend für eine Investitionsentscheidung – „je höher die Diskontrate, umso geringer gehen zukünftige Nutzen und Kosten in die Bewertung ein" (UBA 2007: 49). Hieraus kann sich der Schluss ableiten, für sehr langfristige Projekte, die einen sehr hohen zukünftigen Nutzen haben, einen niedrigen oder einen Zinssatz von Null anzunehmen (Hampicke 1992; Michaelis 1996). Insbesondere bei sehr langen Zeiträumen kann schon eine geringe Verschiebung der Diskontrate große Auswirkungen auf die Kosten-Nutzen-Relation haben (Michaelis 1996).

Handelt es sich bei den zu bewertenden Aspekten um Zeiträume, die sich über Generationen erstrecken, so ist mit der gewählten Diskontrate auch implizit ein Werturteil über deren Präferenzen, Gewichtung der zukünftigen Kosten und Nutzen im Vergleich zu heutigen sowie über die soziale Diskontrate[52] verbunden (UBA 2007).

Daher ist es einleuchtend, dass die Höhe des Zinssatzes ein wichtiger Parameter ist. „Im Kontext der klimapolitischen Entscheidungsfindung impliziert die Diskontierung von Nutzen und Kosten letztendlich, dass zukünfti-

---

[50] „Zinssatz, der gefordert wird, um den Nutzen- bzw. Konsumverzicht auszugleichen" (Patzig 2005: 4).
[51] Für eine gute Übersicht der Diskontierung von Umweltressourcen siehe Hampicke (1992), Hofmeister (2006) oder Michaelis (1996); für eine allgemeine Analyse der Diskontproblematik z.B. Panell und Schilizzi (2006) oder Hanusch (2004).
[52] Sie gibt die Gewichtung zukünftiger Ereignisse gegenüber heutigen an (UBA 2007).

gen Generationen größere Anpassungslasten aufgebürdet werden als den gegenwärtig lebenden Individuen" (Michaelis 1996: 129). Denn durch die Abzinsung kommt es zu einer Abwertung zukünftiger Größen. Dies geschieht umso stärker, je weiter die Nutzen und Kosten von der Gegenwart entfernt liegen (Hanusch 2004).

Als Begründung für die Diskontierung wird aus neoklassischer Sicht ein durch stetiges Wachstum (steigender Kapitalstock) zukünftig höheres Pro-Kopf-Einkommen genannt, welches es erlaubt auch höhere Belastungen zu tragen (Michaelis 1996). Eine weitere grundlegende Annahme der Neoklassik ist, dass Menschen eine positive Gegenwartspräferenz haben (Pigou 1932). Diese führt dazu, dass der Mensch dazu neigt einen heutigen Nutzen höher zu bewerten als einen zukünftigen Nutzen (Hampicke 1992). Siebert (1978: 150) bemerkt dazu lapidar: „nach dem Gesetz der Gegenwartspräferenz wird ein Güterbündel heute einem Güterbündel in der Zukunft vorgezogen. Folglich muß der Nutzen zukünftiger Generationen „abdiskontiert" werden". Da zukünftige Generationen über einen höheren Kapitalstock und damit über eine bessere Ausstattung an Gütern verfügen, würde nach dieser Argumentation eine Diskontierung mit Null zu einer Bevorteilung zukünftiger Generationen führen.

Diese Schlussfolgerung ist allerdings sehr umstritten. Hampicke (1992: 141) z.B. stimmt ihr nur zu, wenn „die Ursache des Zinses als rational und nicht ungerecht akzeptiert wird und wenn er (der Zinssatz, Anm. der Verf.) als Instrument ökonomischer Klugheit fundamentalen ethischen Prinzipien nicht die Priorität streitig macht". Außerdem setzt die obige neoklassische Annahme eine völlige Substituierbarkeit von Naturgütern und menschengemachtem Kapital voraus[53]. Dies kann jedoch als nur sehr begrenzt zutreffend angesehen werden.

Die Methodenkonvention des Umweltbundesamtes empfiehlt bei der Bewertung von Umweltschäden bei Zeiträumen von bis zu 20 Jahren eine Diskontrate von 3%, was in etwa der üblichen Realverzinsung entspricht, bei längeren Zeiträumen nur eine von 1,5% (UBA 2007). Im ALNUS-Leitfaden (siehe Kapitel 5.2 und Tab. 5.1) wurden zwei Szenarien berechnet – eines mit einem Zinssatz von 2% und eines mit 3%.

6.2.2 Bewertungszeitraum und Berechnung

Die Berechnungen zur Ermittlung des Gegenwartswertes machte es nötig, den Betrachtungszeitraum im Vorfeld festzulegen. Dieser erstreckt sich bei Renaturierungsprojekten, anders als bei Bauwerken mit begrenzter Nutzungsdauer wie Brücken oder Straßen, oft über mehrere Generationen (Hofmeister 2006). Dadurch ergeben sich für den Investor, z.B. den Landwirt, zwangsläufig spekulative Elemente und Unsicherheiten (Michaelis 1996).

Es ist also in dieser langfristigen Planung besonders schwierig Sicherheit zu ermöglichen und die Risiken überschaubar zu halten (Barthelmes et al. 2005; Michaelis 1996). Daher wird oftmals gefordert, den Planungshorizont auf maximal 120 Jahre zu beschränken. Aufgrund der Trägheit des klimatischen Systems ist dies aber bei einer traditionellen KNA des Klimawandels keine Option, birgt es doch die Gefahr, dass ein Großteil der Kosten nicht in die Berechnungen mit einfließt (Michaelis 1996).

Im Falle des hier untersuchten Praxisbeispiels endet der Bewertungszeitraum durch die Endnutzung in Form der Ernte nach 65 Jahren (siehe Kapitel 5). Da anschließend eine Neuanpflanzung erfolgen muss, beträgt der

---

[53] Dem Konzept der „schwachen Nachhaltigkeit" folgend. Siehe für eine kritische Diskussion Ott und Döring (2008).

Betrachtungszeitraum hier 65 Jahre. Bei anderen Paludikulturen – wie beispielsweise dem Schilfanbau – erfolgt die erste Ernte bereits nach deutlich kürzerer Zeit, wodurch die Überschaubarkeit erheblich erleichtert wird (Dahms 2009).

Zur Berechnung der Rentabilität des Produktionsverfahrens von Holz muss der Gegenwartswert[54] in einen Bodenerwartungswert umgewandelt werden (Barthelmes et al. 2005). Dafür wird der Gegenwartswert der begrenzten einmaligen Periode umgewandelt in eine unbegrenzte Periode oder in eine so genannte „Ewige Rente" (ibid.).

Der Grundgedanke dieser Bodenertragswertformel stammt aus dem Jahre 1849 von Martin Faustmann[55] (exemplarisch Navarro 2003) und beruht auf der Idee, „daß sich der Netto-Ertrag einer Waldfläche als eine ewige, periodische Rente interpretieren läßt, die jeweils im zeitlichen Abstand einer Umtriebszeit zum Zeitpunkt der Endnutzung des betrachteten Bestandes anfällt bzw. ausgezahlt wird" (Moog o.J.: 34). Dabei wechseln sich Anpflanzung und Einschläge „auf ewig" ab, der Wuchszeitraum zwischen den Endnutzungen ist immer gleich lang und entspricht der Umtriebszeit (Barthelmes et al. 2005[56]). Periodisch im Abstand der Umtriebszeiten wird dabei eine Rente fällig, daher der Begriff „Ewige Rente". Der Bodenertragswert entspricht dann dem Gegenwartswert der ewigen periodischen Rente (Moog o.J.). Ziel des Bodenertragwertes ist es, den Grenzpreis zu finden, also den Betrag für den Boden, der maximal gezahlt werden darf, um mit der forstlichen Nutzung keinen Verlust zu realisieren (ibid.). Alle Ausga-

---

[54] Einmalige Investitionskosten gehen unverändert in die Berechnung des Barwertes ein (vgl. Dehnhardt et al. 2008).
[55] Oft als Faustmann-Preßler-Ohlin-Theorem (FPO-Theorem) oder kurz Faustmann-Formel bezeichnet.
[56] Wir betrachten die Erlöse aus dem Baumverkauf als Erlöse und nicht als Reduzierung des Kapitalstocks (siehe dazu Ott und Döring 2008).

ben (Verwaltung, Bestandspflege etc.) und Einnahmen (Holzverkauf), die in der zeitlichen Entwicklung auftreten, werden dafür diskontiert.

Kapitel 5 hat gezeigt, dass auch für die Schwarzerlenbestockung der Bodenertragswert berechnet wurde. Er wurde sowohl inklusive aller staatlichen Transferleistungen (betriebswirtschaftlich) als auch aus volkswirtschaftlicher Sicht ermittelt. Ohne jegliche Subventionen ist die Anpflanzung nur unter günstigen Bedingungen (Variante 2) und niedrigem Zinssatz rentabel (Barthelmes et al. 2005; siehe Kapitel 5).

6.2.3 Zwischenfazit

Die Setzung eines Zeitrahmens und die Homogenisierung von asymmetrischen Kosten und Nutzen ist eine schwierige Aufgabe, insbesondere bei Umweltgütern. Die gegensätzlich verlaufenden Kosten und Nutzen führen zu erheblichen Risiken für den Investor.

Um zukünftige Kosten und Nutzen zu bewerten, ist es, soweit dies möglich ist, auch für Umweltgüter sinnvoll, eine Diskontierung vorzunehmen. Nur so können sie mit anderen Nicht-Umweltgütern verglichen werden. Es konnte gezeigt werden, dass die Höhe der Diskontrate tendenziell mit der Länge des zu bewertenden Zeitraumes abnehmen sollte. Somit scheint es sinnvoll, bei Umweltgütern von einer „sozialen Diskontrate" zu sprechen, welche niedriger sein muss als eine private Diskontrate, denn sie berücksichtigt Präferenzen zukünftiger Generationen. Sinnvoll erscheint für Moorrenaturierungen eine Diskontrate zwischen 1,5% und maximal 3%.

Letztendlich ist diese Frage auch eine ethische, insbesondere wenn intergenerationale Allokationsfragen betrachtet werden (Ott und Döring 2008). Prinzipiell sollte uns die Vermeidung eines Schadens für zukünftige Generationen dasselbe wert sein wie die Vermeidung eines heutigen Schadens, da nicht davon auszugehen ist, dass sich die Präferenzen für Umweltgüter verändern werden.

Für eine Bewertung ist es außerdem wichtig, den zu bewertenden Zeitrahmen zu kennen, denn mit zunehmender zeitlicher Dauer steigt auch die Unsicherheit. Bei Verfahren der moorschonenden Bewirtschaftung handelt es sich in der Regel um die Umtriebszeit und damit um einen Zeitraum, der maximal 70 Jahre beträgt. Der Nutzen, der durch die Treibhausgas-Vermeidung generiert wird, kann sich jedoch auf viel weiter in der Zukunft liegende Zeiträume erstrecken. Kapitel 6.1 hat gezeigt, dass dieser Nutzen sich derzeit nicht näher quantifizieren lässt.

6.3 Direkter und indirekter Renaturierungsnutzen

Mit einer Renaturierung von Mooren ist eine Vielzahl von Nutzen verbunden. Das primäre Ziel einer Moorrevitalisierung ist häufig die Vermeidung weiterer Treibhausgas-Emissionen aus den anthropogen genutzten Standorten. Wie oben bereits erläutert wurde, zeigt sich hier der Nutzen einer Maßnahme in Form von eingesparten klimaschädlichen Spurengasen (Michaelis 1996). Mit der Moorwiedervernässung einher gehen als Sekundäreffekte auch eine Reihe weiterer Nutzenstiftungen (Hampicke 2005). In Kapitel 6.3.2 wird diesen Leistungen Rechnung getragen.

6.3.1 Direkter Klimaschutznutzen

Da die Vermeidung bzw. Sequestrierung von Treibhausgasen durch Wiedervernässung von Moorstandorten in der überwiegenden Zahl der Projekte das primäre Ziel ist, wird der Klimaschutznutzen als direkter Nutzen bezeichnet (Dehnhardt et al. 2008). Bei den nachfolgend aufgeführten Positionen handelt es sich ausschließlich um Kosten, nicht berücksichtigt sind die Gewinn- und Risikoaufschläge (Wichmann 2009 (f)).

Treibhausgas-Potenzial

Für eine ökonomische Beurteilung von Moorrestaurationsmaßnahmen ist es besonders im Hinblick auf die Effizienz wichtig, im Vorfeld das Treibhausgas-Einsparungspotenzial zu quantifizieren (Eberts 2004). Nur so kann eine Kosten-Effizienz-Analyse erfolgen und die Rentabilität abgeschätzt werden (ibid.).

Da Moore höchst komplexe, variable Ökosysteme sind, ist auch das Einsparungspotenzial sehr unterschiedlich (Couwenberg et al. 2008). Für eine großräumige Renaturierung und besonders für eine Anrechnung dieser Senkenfunktion ist allerdings eine schnelle unkomplizierte Abschätzung nötig (ibid.). Bislang basierten die Angaben zumeist auf Spurengasuntersuchungen, die das Renaturierungsprojekt begleiten. Diese sind allerdings technisch und finanziell aufwändig (Ministerium für Landwirtschaft, Umwelt und Verbraucherschutz Mecklenburg-Vorpommern 2009).

Die Universität Greifswald hat daher im Auftrag des Ministeriums für Landwirtschaft, Umwelt und Verbraucherschutz Mecklenburg-Vorpommern einen ersten Anlauf unternommen Grundsätze zu entwickeln, um degradierte und wiedervernässte Niedermoore bezüglich ihrer Klimarelevanz zu bewerten (Couwenberg et al. 2008). Die Daten fußen auf „einer Auswertung sämtlicher für das gemäßigte Mitteleuropa zur Verfügung stehender Untersuchungen" (Kowatsch et al. 2008: 12).

Dazu wurden „Standorte mit ähnlichen Emissions-Verhalten den sogenannten Treibhaus-Gas-Emissions-Standort-Typen (GEST)" zugeordnet (Couwenberg et al. 2008: 2). Das Ziel war es, „künftig Moorstandorte nicht nur in Mecklenburg-Vorpommern, sondern in ganz Mitteleuropa, ohne umfängliche Vor-Ort-Messungen hinsichtlich ihres aktuellen Emissionsverhaltens einzuschätzen" (Ministerium für Landwirtschaft, Umwelt und Verbraucherschutz Mecklenburg-Vorpommern 2009: 21).

Das GEST-Modell findet bereits in der Praxis Anwendung, beispielsweise bei einer im Auftrag des Ministeriums für Landwirtschaft, Umwelt und Verbraucherschutz Mecklenburg-Vorpommern durchgeführten vergleichenden Analyse zu den „Nutzungsmöglichkeiten auf Niedermoorstandorten" (Kowatsch et al. 2008: 12).

Bei der Einteilung in die GESTs helfen bestimmte einfache Indikatoren, primär Vegetation und Wasserstand (Couwenberg et al. 2008). Da die Treibhausgas-Emissionen in eindeutiger Relation zu den Wasserständen und Wasserstufen stehen, wird eine Prognose möglich (Ministerium für Landwirtschaft, Umwelt und Verbraucherschutz Mecklenburg-Vorpommern 2009). Daneben stellt die Vegetation, aufgrund ihrer Korrelation mit dem Wasserhaushalt, den wichtigsten Faktor bezüglich des Gasaustausches dar (ibid.; Wichmann 2009 (i)). Allerdings kann in der Übergangsphase nach der Wiedervernässung die Vegetation nicht als Indikator dienen. Drei bis fünf Jahre benötigt die Vegetation, um sich an die neuen Standortbedingungen anzupassen (Couwenberg et al. 2008). Als weitere Indikatoren dienen die Torfzusammensetzung des Standortes und die Landnutzung (ibid.). Über Vegetationsformen (Standortparameter, Vegetationsbeschreibung und Pflanzenartenlisten) ist es zudem möglich, fehlende Standorteigenschaften abzuleiten (ibid.). Zu beachten ist, dass Lachgas-Emissionen in dem zurzeit verfügbaren Modell nicht berücksichtigt werden (Kowatsch et al. 2008).

Aufgrund mangelnder Datengrundlagen gibt es zurzeit noch Lücken in der Zuordnung aller Moorflächen zu einem bestimmten GEST (Couwenberg et al. 2008) und bezüglich der Langzeitwirkung von Wiedervernässungen (ibid.). Diese Datenlücken sollen bei der zukünftigen Weiterentwicklung geschlossen werden (Ministerium für Landwirtschaft, Umwelt und Verbraucherschutz Mecklenburg-Vorpommern 2009).

Nachfolgend werden beispielhaft die Parameter des GEST-Modells gezeigt. Anhand der Einteilung in Wasserstufen, der Bestimmung der medianen Jahreswasserstände und der Landnutzung ergibt sich eine Prognose der

Treibhausgas-Äquivalente – in dem vorliegenden Beispiel 24 t $CO_{2\text{-äq}}$ ha^{-1} a^{-1}. Die der Rechnung zu Grunde liegenden Datensätze des Computermodells lassen sich dem Moorschutzkonzept nicht entnehmen (Ministerium für Landwirtschaft, Umwelt und Verbraucherschutz Mecklenburg-Vorpommern 2009: 22):

- Wasserstufen: 2-, 2, 2+

- Jahresmedian der Wasserstände :   ca. 35 - 85 cm unter Flur

- Momentane Vegetationsform: Moor-Grünland

- Treibhausgas-Potenzial: 24 t $CO_{2\text{-äq}}$ ha^{-1} a^{-1}

Wie in Kapitel 4.2.3 aufgezeigt wurde, erzeugen Wiedervernässungen anfänglich stark erhöhte Emissionen des Treibhausgases CH_4 aufgrund von Biomassemineralisation. Um diese zu minimieren, schlagen Schägner (2009 (b)) und Couwenberg et al. (2008) vor, den Nährstoffgehalt der Flächen vor der Flutung durch eine Abtragung des Bodens und der Biomasse zu verringern. Hier gibt es jedoch noch weiteren Forschungsbedarf, insbesondere auch zu den Konsequenzen für die auf Nährstoffe angewiesenen Paludikulturen (Timmermann et al. 2009).

Tab. 6.1. Kohlenstoffdioxid-Bilanzen ausgewählter Paludikulturen auf Testflächen

	CO_2-Emissionen aus der Wiedervernässung [t ha^{-1}]	CO_2-Emissionen aus Heizölersatz[57] [t ha^{-1}]	CO_2-Emissionen aus Handling [t ha^{-1}]	CO_2-Bilanz [t ha^{-1}]
Rohrglanzgras	-10	-6	+1	-15
Schilf	-15	-15	+2	-28
Schwarzerle[58]	-10	-7	+1	-16

Quelle: Eigene Darstellung nach Wichtmann (2008: 9ff).

Tabelle 6.1 zeigt die Treibhausgas-Bilanzen einiger ausgewählter Paludikulturen. Hierbei sind auch die Emissionsvermeidung in Folge des Ersatzes fossiler Energieträger durch Biomasse berücksichtigt (siehe nächster Abschnitt).

Kohlenstoffsenke Biomasse

Zusätzlich zu den Treibhausgasen, die entweder nicht mehr emittiert oder in Zukunft sogar sequestriert werden, gilt es bei Paludikulturen eine weitere Senke in die Kalkulation mit einzubeziehen. Durch den Anbau von Biomasse auf den vernässten Flächen wird Kohlenstoff gebunden. Bleibt die Biomasse ungenutzt, beispielsweise als Schlagabraum in Wäldern, so findet keine Kohlenstofffestlegung statt (Wegener 2001). Wird die Biomasse der Fläche dagegen in regelmäßigen Abständen durch Ernte entzogen, so sollte der in ihr gebundene Kohlenstoff berücksichtigt werden (Wichmann 2009 (g)). In welcher Form eine Anrechnung als Kohlenstoffsenke möglich ist, hängt somit von der Verwendung der produzierten Biomasse ab.

---

[57] Einsatz in Kraftwerken mit Kraft-Wärme-Kopplung (Wichtmann et al. 2009).
[58] Vollständiger Einsatz der Erlenholzproduktion zur Heizölsubstitution.

Viele Naturstoffe wie Schilf, Rohkolben oder Holz werden als Bau- und Brennmaterial genutzt. Eberts (2004) schätzt die Benutzungsdauer für Werthölzer auf 30 Jahre. Nach Ablauf dieser Zeit gelangt das Bau- oder Möbelmaterial durch Verrottung wieder in den Kohlenstoffkreislauf (ibid.). Somit kann Biomasse für diese Art der Verwendung nur als temporäre Senke bilanziert werden.

Wird Biomasse allerdings zur Substitution fossiler Energieträger wie Öl, Erdgas oder Kohle verwendet, so ist es als permanente Senke zu veranschlagen (Joosten und Augustin 2006). Dabei gilt es den „Wirkungsgrad der Biomasse-Umwandlung zu berücksichtigen" (Eberts 2004: 34).

Die CO_2-Bilanzen für verschiedene Paludikulturen in Tabelle 6.1 berücksichtigen sowohl die CO_2-Emissionsminderung durch die Wiedervernässung als auch diejenige durch die Substitution fossiler Energieträger. Einschränkend auf die positive Treibhausgasbilanz der Biomasseproduktion wirken sich die Verluste durch das Handling aus, da Mahd, Transport, Lagerung, Anlieferung und ggf. der Betrieb von Feuerungsanlagen mit CO_2-Emissionen verbunden sind.

6.3.2 Indirekter Nutzen

Mit einer Wiedervernässung von Moorstandorten nähert sich der Standort seinem ehemaligen Zustand wieder an. Damit stellen sich nach und nach auch eine Reihe von ökologischen Funktionen wieder ein, die nicht im direkten Fokus des Vorhabens lagen. Es gilt zu beachten, dass Nutzenstiftungen auf Flächen nicht grundsätzlich in Konkurrenz zueinander stehen, sondern oft simultan erzeugt werden (Hampicke 2005). Während die direkten Nutzen lediglich quantitativ erfasst wurden, werden die indirekten Nutzen, wenn möglich, auch monetär quantifiziert.

Ökosystemdienstleistungen

Durch die Renaturierung von Mooren werden zahlreiche Ökosystemdienstleistungen der Moore wiederhergestellt (Kap. 4.1). Dies sind Leistungen, die die Natur den Menschen in der Regel unentgeltlich zur Verfügung stellt. Sie haben deshalb keinen Preis und sind so genannte „öffentliche Güter" (Wicke 1993; Kapitel 4.1). Sollen sie dennoch in eine ökonomische Bewertung mit einfließen, so gilt es, eine Inwertsetzung vorzunehmen (Succow 2009). Die Bewertung von ökologischen Leistungen ist eine schwierige und komplexe Aufgabe (siehe Kapitel 3.1), die hier nicht weiter betrachtet wird[59].

Entwässerungseinrichtungen und Infrastruktur

Mit der Renaturierung von Feuchtgebieten gehen auch einfach zu messende monetäre Nutzen einher. Wie erläutert, sind eine Reihe von Entwässerungseinrichtungen wie Pumpen und Dämme für eine Drainage zu betreiben. Ein Beispiel aus dem Peenetal (Mecklenburg-Vorpommern) zeigt, dass durch die Wiedervernässung einer 509 ha großen Niedermoorfläche 198.000 € Gegenwartswert für Entwässerungskosten und 747.000 € Gegenwartswert für Instandhaltungskosten in den nächsten 30 Jahren entfallen (insg. 945.000 €) (Schägner 2008, 2009 (a)). Umgerechnet ergibt sich insgesamt ein Gegenwartswert von 61 €, die pro ha und Jahr an Kosten entfallen. Der Wegfall der Ausgaben stiftet damit einen Nutzen.

Biomasseerlöse

Geht eine Wiedervernässung mit der Etablierung von Paludikulturen auf den Flächen einher, so sind Verkaufserlöse zu erzielen. Bei Schilf ist damit nach etwa 4 Jahren zu rechnen (Dahms 2009), bei Erlen sind die Enderlöse, wie bereits gezeigt, erst nach 65 Jahren zu erzielen.

---

[59] Siehe für weitere Informationen zu deutschen Naturbewertungsstudien z.B. Elsasser (1996), Küpker (2005), Meyerhoff (1999), Rommel (1998).

Zu differenzieren sind laufende Erlöse, beispielsweise durch Durchforstungen, und Erlöse aus der Endnutzung. Erstere werden im Beispiel der ALNUS-Studie als gerade kostendeckend verbucht. Gleiches gilt für Biomasse (Holst 2009) wie z.b. Schilf[60]. Die Erlöse, die sich aus dem Verkauf der Biomasse ergeben, sind abhängig von der Art und Qualität des Materials. Schwierig ist es, aufgrund der Spannweite von Einsatzmöglichkeiten Erlöse zu pauschalisieren. Wichmann und Wichtmann (2009: 35) zählen allein für Schilf die folgenden Verwendungsmöglichkeiten auf: i) Bauindustrie, ii) Garten- und Landschaftsbau, iii) Zellulose- und Papierindustrie, iv) Ackerbodenproduktion in Poldern, v) Wasserbau, vi) Abwasserbehandlung, vii) Klärschlammvererdung und viii) Energieträger. Zusätzlich schwanken die Preise in unterschiedlichen Ländern (DBU 2008) und aufgrund der Nachfrage nach Biomasse. Auch eine indirekte Preiserhöhung durch steigende Preise für fossile Brennstoffe ist zu berücksichtigen (Wichmann 2009 (f)).

Eine Kalkulation der DBU (2008) zur Verfeuerung von Biomasse legt aufgrund aktueller Preise für Stroh-Biomasse[61] einen konservativen Preis von 40 € t^{-1} Trockenmasse (TM) für Rohrglanzgras aus Niedermooren zu Grunde. Die zu erzielenden Preise für Holz aus Schwarzerlen wurden bereits in Kapitel 5 angegeben. Sie belaufen sich bei Durchforstungsholz auf rund 40 € fm^{-1} und bei Qualitätsholz (Furnier- und Sägeholz) auf einen Betrag zwischen 100 und 300 € fm^{-1} (Barthelmes et al. 2005).

Die Gesamterlöse hängen somit zum einen entscheidend von der Qualität des Materials ab, zum anderen von der Produktivität der Paludikulturen. Die Produktivität wiederum ist abhängig vom Wasserstand und der Nährstoffversorgung (Wichmann 2009 (f)). Grundsätzlich begünstigen hohe Wässerstande und gute Nährstoffbedingungen die Erträge, ersteres gilt al-

---

[60] Bei einem Ertrag von 20 t Trockenmasse ha^{-1} und einem Verkaufserlös von 40 € t^{-1}.
[61] Aufgrund der Substituierbarkeit von Stroh mit Schilf und Rohrglanzgras bei der Verfeuerung ist dies legitim (vgl. Wichmann 2009 (i)).

lerdings nicht für die Erle. Nach Timmermann (2009 (a)) liegen mittlere TM-Erträge für Schilf bei 12,46 t ha^{-1} und für Rohrglanzgras bei 5,76 t ha^{-1} (Tab 6.2).

Ein wichtiger Aspekt, der in vielen Studien jedoch nicht berücksichtigt wird, ist, dass durch die Ernte der Biomasse den Flächen dauerhaft Nährstoffe entzogen werden. Werden die Standorte nicht durch nährstoffreiches Oberflächenwasser oder durch Düngung mit Nährstoffen versorgt, ist laut Timmermann (2009 (c): 146) innerhalb eines Zeitraumes von 5 bis 20 Jahren mit Ernterückgängen „um bis zu 50% zugunsten des ökologischen Wertes" zu rechnen. Diesen Sachverhalt gilt es bei Kalkulationen zu berücksichtigen.

Tab. 6.2. Erträge und Erlöse ausgewählter Paludikulturen

	TM-Erträge in fm ha^{-1} bzw. t ha^{-1}	Erlöse in € t^{-1}	Gesamterlös in € pro ha
Schwarzerle im Endbestand	120	100-300	12.000-36.000
Schilf	12,46	40	498,4
Rohrglanzgras	5,76	40	230,4

Quelle: Eigene Darstellung nach Barthelmes (2005: 13); Timmermann (2009 (a): 41).

Ebenfalls unberücksichtigt bleibt in den Studien zumeist, dass bei der wirtschaftlichen Wieder-Innutzungnahme von Grenz- und Brachstandorten durch die arbeitsintensive Anzucht der Paludikulturen Arbeitsplätze geschaffen werden (Dahms 2009).

6.3.3 Zwischenfazit

Es hat sich gezeigt, dass mit einer Wiedervernässung eine ganze Reihe von sowohl direkten und indirekten als auch monetären und nicht-monetären Nutzen einhergehen. Für die Zukunft ist deshalb an einer ökologisch erweiterten KNA zu arbeiten, die eine vereinfachte Abschätzung ermöglicht. Dafür ist im Wesentlichen eine Bewertung und Honorierung von ökologischen Leistungen der Moore sinnvoll. Für eine wissenschaftliche Erfassung des Treibhausgas-Potenzials leistet das GEST-Modell einen guten Einstieg. Dies kann auch eine Anrechnung im europäischen Emissionszertifikatehandel möglich machen. Für die Berechnung des Treibhausgas-Potenzials ist darüber hinaus die weitere Verwendung der Biomasse entscheidend. Diese gilt es, soll eine Anrechnung erfolgen, im Vorfeld zu klären.

6.4 Direkte und indirekte Renaturierungskosten

Die Analyse der Kostenseite ist bei der Durchführung von Renaturierungsvorhaben ebenfalls eine sehr komplexe Aufgabe. „Einer Gesellschaft entstehen Kosten, wenn sie für die Renaturierung von Ökosystemen Produktivkräfte einsetzt, die auch alternative Verwendungen zuließen, oder wenn sie auf ökonomische Leistungen, die ein nicht renaturiertes Ökosystem erbringen würde, verzichtet" (Hampicke 2009: 441). Diese Kosten stellen somit einen Verzicht auf Alternativen dar. Ökonomen sprechen hier von Opportunitätskosten. Im Folgenden sind die unterschiedlichen Kostenbegriffe in Planungs- und Umsetzungs- sowie Opportunitätskosten geordnet.

6.4.1 Planungs- und Umsetzungskosten (direkte Kosten)

Die direkten Ausführungskosten einer Moorwiedervernässung sind alle Kosten, die unmittelbar mit der Renaturierung in Zusammenhang stehen

(Dehnhardt et al. 2008). Dies sind Bau-, Nachsorge-, Transaktions-[62] und Sanierungskosten, Kosten für Landerwerb, Verfahrenskosten und Monitoring (ibid.; UBA 2007; Wichmann 2009 (b)). Sie können, soweit sie von öffentlichen Trägern aufgewendet werden, als soziale Kosten betrachtet werden, die die Gesellschaft trägt (Kächele 1999). Da die hierfür eingesetzten Ressourcen nicht mehr anderweitig verwendet werden können, fallen Opportunitätskosten an (Hofmeister 2006).

Die meisten mit einer Renaturierung einhergehenden Kosten sind Anfangsinvestitionen, was die Hemmschwelle zur Umsetzung erhöht (Schäfer 2004). Tabelle 6.4 am Schluss dieses Unterkapitels gibt einen Überblick über die Planungs- und Umsetzungskosten ausgewählter Renaturierungsprojekte in Deutschland.

Planung

Die Planungskosten entstehen durch Verwaltung, Genehmigungsverfahren sowie Gutachten für Planungsaufträge und sind grundsätzlich ganz allgemein als Transaktionskosten anzusehen (Dahms 2009). Diese fallen lediglich einmalig an und sind im Vergleich zu den Gesamtkosten gering (siehe Tab. 6.4).

Landnutzung

Bevor mit einem Renaturierungsprojekt begonnen werden kann, muss der Projektträger, zurzeit zumeist die öffentliche Hand oder eine Nichtregierungsorganisation, über ein Nutzungsrecht verfügen. Dies kann durch Ankauf oder Pachtung erlangt werden, wobei ersteres aufgrund des geringeren Verwaltungsaufwandes meist bevorzugt wird (Siuda 2002).

Hampicke (1991: 151) spricht sich allerdings dafür aus, für Naturschutzvorhaben „sowenig Flächen wie möglich zu kaufen", da die Kaufpreise für

---

[62] Planungs-, Genehmigung- und Verhandlungsvorgänge, Notariatgebühren, ggf. Kosten für Rechtsstreitigkeiten (vgl. Hampicke 2009).

landwirtschaftliche Flächen, u.a. aus Gründen der Tradition, des Monopols und der Agrarsubventionen, in keinem Verhältnis zu den Renditen stehen. Auch Hofmeister (2006: 174) ist der Ansicht, dass „Pachtlandpreise in erster Linie von landwirtschaftlichen Bestimmungsfaktoren geprägt sind", während Bodenpreise auch von „außerlandwirtschaftlichen Rahmenbedingungen" beeinflusst werden.

Wiedervernässungsmaßnahmen auf Pachtflächen sind prinzipiell möglich, erfordern aber die Bereitschaft des Verpächters. „Ist der Flächeneigentümer privater Verpächter, ist eine Einwilligung zur Vernässung relativ unwahrscheinlich, da der Verpächter in der Wahl zukünftiger Pächter aufgrund begrenzter Nutzungsvarianten nach Wiedervernässung eingeschränkt ist" (Kowatsch et al. 2008: 49). Im ALNUS-Leitfaden sind dazu keine Angaben zu finden. Da sich das Projekt jedoch an „Landwirte und Eigentümer richtet, die für Niedermoorflächen ökonomisch tragfähige Nutzungsalternativen suchen" (Barthelmes et al. 2005: 2), darf angenommen werden, dass die Flächen weiterhin im Besitz der Landwirte verbleiben sollen. Wichmann (2009 (c): 112) quantifiziert die Kosten für Pacht, Wasser- und Bodenverband sowie Grundsteuer bei der Energiepflanzenproduktion im Rahmen eines anderen Projektes auf 80 € $ha^{-1}a^{-1}$.

Boden ist in einem dicht besiedelten Land wie Deutschland knapp (Hofmeister 2006). Dies „ist Ursache für Nutzungskonkurrenz und Nutzungskonflikte, die wiederum das Marktverhalten der verschiedenen Akteure und die Bodenpreisbildung wesentlich beeinflussen" (ibid.: 93). Daraus folgt, dass nicht allen Nutzungsansprüchen entsprochen werden kann.

Der Bodenpreis ergibt sich u.a. aus den verschiedenen Flächenleistungen. Hier ist in ökonomische, soziale und ökologische Leistungen zu unterscheiden (Hofmeister 2006). Letztere werden, wie schon ausgeführt, nur unzureichend vergütet, „was der Bodenmarkt mit grundsätzlich höheren

Bodenpreisen für Flächen mit sozioökonomischen Nutzungen gegenüber Flächen mit ökologischen Funktionen reflektiert" (Hofmeister 2006: 94). Flächennutzungskosten hängen daher auch immer von den Nutzungsalternativen ab.

Das Landesamt für Natur und Umwelt Schleswig-Holstein (2002: 2) verzeichnet die Existenz einer Reihe „infrastruktureller Großprojekte in Moorgebieten", was auf die niedrigen Bodenpreise und auf die Tatsache, dass Grenzertragsstandorte in eine wirtschaftliche Nutzung überführt werden können, zurückzuführen ist.

Renaturierung bzw. Umsetzung

Primäres Ziel eines Moorrenaturierungsprojektes ist die Wiederherstellung eines Wasserüberstaus auf der Fläche. Dafür müssen beispielsweise Entwässerungskanäle geschlossen, eventuell Pumpen und Stauwerke demontiert, wasserbauliche Maßnahmen durchgeführt oder Anpflanzungen getätigt werden (Dahms 2009). Diese Maßnahmen sind sowohl mit Kosten als teilweise auch mit Erlösen verbunden.

Um einen naturnahen Zustand möglichst schnell wieder herzustellen, ist es sinnvoll bei einer Wiedervernässung typische, moorbildende Arten anzusiedeln. Dies können wie im hier verwendeten Beispiel Erlen sein, aber ebenso Röhricht oder Torfmoose. Für diese Ansiedlung von Arten fallen Kosten für Pflanzmaterial an.

Berechnungen von Dahms (2009) zur Bestandsetablierung von Schilf sollen hier beispielhaft dargestellt werden. Er unterscheidet in:

1. Direktkosten: Saatgut, Material, Substrat, Dünger, Wasser, Pflanzenschutz, Zinsansatz (Umlaufvermögen)

2. Arbeitserledigungskosten: Maschinenkosten, Lohnkosten

3. Flächenkosten: Foliengewächshaus, Wärmeverbrauch, Freiland, Gemeinkosten

4. Transportkosten

Insgesamt ergibt sich in diesem Fall ein einmaliger Betrag von 2.780 € ha^{-1}, wovon allein 2.000 € auf das Pflanzgut entfallen[63] (Dahms 2009). Die einzelnen Kostenpunkte der Erlenaufforstung wurden bereits in Kapitel 5 (siehe Tab. 5.1) dargestellt.

Pflege und Ernte

Nach der Etablierung von Paludikulturen entstehen durch eine standortgerechte[64] Bewirtschaftung laufende Kosten sowie bei der Endnutzung Kosten für die Ernte. Zu unterscheiden sind fixe und variable Kosten.

Die variablen Kosten sind die Direktkosten[65] (Düngung, Pflanzenschutz und Verzinsung des Umlaufkapitals), die Kosten der Dienstleistungen (Lohnarbeit, Aushilfen), die Maschinenkosten (Treibstoff, Ersatzteile, Wartung), Reparaturen und der ertragsabhängige Verbrauch von Betriebsstoffen (Wichmann 2009 (c): 112).

Die gleichbleibenden Kosten bestehen aus den fixen „Arbeitskosten für Festangestellte und den fixen Maschinenkosten (Abschreibung, Zinsansatz, Versicherung, Steuern)" (ibid. (c): 112). Weitere fixe Kosten sind „Flächenkosten (Pacht, Wasserbodenverband, Grundsteuer) sowie Ausgaben für Spezialgebäude (z.B. Lagerhallen)"[66] (ibid. (c): 112).

In Tabelle 6.3 sind die fixen und variablen Kosten aus Gründen der Übersichtlichkeit als ein Posten erfasst (für eine genaue Aufschlüsselung siehe ibid.). Verfahrenskosten bezeichnen zum einen die Kosten der Befahrung

---

[63] „Die Gesamtkosten der Pflanz- und Etablierungskosten sind als Barwert im Jahre 4, d.h. zum Zeitpunkt der ersten Ernte und als Annuität dieses Barwertes über 26 Erntejahre berechnet" (Dahms 2009: 120). Der Bewirtschaftungszeitraum beträgt also 30 Jahre. "Die Annuität entspricht den Kosten, welche für die Etablierung von den jährlichen Erlösen abgezogen werden müssen" (ibid.: 120).

[64] „Unter einer standortgerechten Moorbewirtschaftung wird eine dauerhaft umweltgerechte oder auch nachhaltige Nutzung der Moore" (Wichmann et al. 2009: 25) verstanden.

[65] Fallen nur an, wenn nicht natürliche Bestände beerntet werden.

[66] Flächenkosten werden hier gesondert betrachtet.

zur Mahd sowie zur Bergung, zum anderen die des Transports der Biomasse (Wichmann 2009 (b)). Für die Strohernte liegen sie nach Berechnungen von Wichmann (2009 (d)) je nach Entfernung und Transportfahrzeug zwischen 4,54 und 26,12 € t^{-1}. Die Erntekosten in Tabelle 6.3 sind mit Vorsicht zu betrachten, da eine Ernte auf vernässten Mooren mit großen Schwierigkeiten verbunden ist (DBU 2008). Sie erfordert spezielles technisches Gerät oder, sofern dies nicht vorhanden ist, eine manuelle Ernte, was hohe Lohnkosten mit sich bringt (Wichmann 2009 (b)). Viele Spezialmaschinen, die für eine maschinelle Ernte benötigt werden, existieren zurzeit nicht in Serienreife, was die Investitionskosten stark ansteigen lässt und bisher nur Schätzungen zu den Maschinenkosten erlaubt (ibid.).

Weiterhin bestehen Unsicherheiten über die Befahrbarkeit der Flächen zum Zeitpunkt der Ernte (Wichmann 2009 (c)). Dies macht einen Einsatz von Spezialmaschinen wie etwa einer Schneeraupe erforderlich, welche aufgrund des niedrigen Bodendrucks auch nasse Flächen befahren kann.

Nach den bisherigen Berechnungen variieren die Kosten einer Bewirtschaftung mit Rohrglanzgras und Schilf je nach Ertrag zwischen 289 und 814 € ha^{-1} (DBU 2008). Die Holzerntekosten bei der Endnutzung von Schwarzerlen werden von Barthelmes et al. (2005) pauschal mit 30 € fm^{-1} beziffert. Die Erlöse aus der Durchforstung bei Schwarzerlen sind mit den dadurch verursachten Kosten kostendeckend (ibid.). Die Rentabilität der Bewirtschaftung hängt von den Erträgen und von den zu erzielenden Erlösen ab (siehe Tab. 6.3).

Tab. 6.3. Überschlagsrechnung für die Rohrglanzgras-, Schilf- und Erlenbereitstellung

Parameter	Rohrglanzgras		Schilf		Schwarzerle
Ertrag in t TM	5	10	12	20	120 [fm]
Kosten					
Fixe und variable Kosten Ernte) [€ ha^{-1}]	-210	-400	-430	-500	30
Transport/ Lager, Faktor (3,2 € t^{-1}) [€ ha^{-1}]	-16	-16	-38,4	-64	[€ fm^{-1}] pauschal
Abwicklung/Transport, Faktor (12,5 € t^{-1}) [€ ha^{-1}]	-63	-125	-150	-250	
Summe Kosten [€ ha^{-1}]	-289	-577	-618	-814	3600

Quelle: Eigene Darstellung. Daten zu Rohrglanzgras und Schilf nach DBU (2008: 16); Daten zu Erle nach Barthelmes et al. (2005: 13).

Monitoring

Eine Kostenstelle, die nicht in das ALNUS-Projekt Eingang gefunden hat, bei späteren Projekten jedoch von Relevanz sein wird, ist das Monitoring (Barthelmes et al. 2005). Soll eine Abschätzung der Auswirkungen der Wiedervernässung erfolgreich sein und möglicherweise eine Anrechnung der Kohlenstoffsenkenfunktion in Form von Zertifikaten erfolgen, so ist eine begleitende Erfolgskontrolle unerlässlich. Mit Hilfe des in Kapitel 6.3.1 vorgestellten Indikatorensystems GEST ist eine Überprüfung deutlich einfacher geworden. Zahlen zu den Kosten liegen dafür jedoch noch nicht vor.

Tab. 6.4. Renaturierungskosten ausgewählter Moorwiedervernässungsprojekte in Deutschland

Autor	Moortyp, Standort	Planungskosten [€ ha^{-1}]	Umsetzungskosten [€ ha^{-1}]	laufende Kosten [€ ha^{-1} a^{-1}]
IKZM (2005), Metastudie	Hoch- und Niedermoore, Mecklenburg-Vorpommern	300 (inkl. Landankauf)		
Siuda (2002)	Hochmoor, Bayern	40 - 50	Höchst differenziert nach Bedingungen	
Schägner (2008) (30 Jahre Diskontierung)	Niedermoor (Überflutungsmoor), Mecklenburg-Vorpommern	445		
Barthelmes et al. (2005) (65 Jahre Diskontierung)	Niedermoor mit Schwarzerlenanpflanzung, Mecklenburg-Vorpommern	321	749	50
Ministerium für Landwirtschaft, Umwelt und Verbraucherschutz (2009), Metastudie	Hoch- und Niedermoor, Mecklenburg-Vorpommern	3.000 - 5.000		30 - 40

Quelle: Eigene Darstellung.

6.4.2 Opportunitätskosten (indirekte Kosten)

Kosten entstehen nicht nur, wenn Geld ausgegeben wird, sie können auch aus entgangenem Nutzen oder Gewinn resultieren (Hampicke 2009). „Opportunitätskosten treten also bei Renaturierungsvorhaben auf, wenn damit einträgliche Nutzungen der nicht renaturierten Ökosysteme beendet werden, oder wenn ihre Aufnahme unterbunden wird" (ibid.: 443). Dies sind rein betriebswirtschaftliche Opportunitätskosten. Aus gesellschaftlicher Sicht werden Nutzen in Form ökologischer Leistungen wiederhergestellt, es entstehen somit keine volkswirtschaftlichen Kosten.

Ökonomisch werden diese Opportunitätskosten durch Nutzenverzicht als indirekte Kosten oder Nutzungskosten bezeichnet (Dehnhardt et al. 2008). Sie sind in aller Regel wesentlich schwieriger zu erfassen als die Ausführungskosten konkreter Maßnahmen.

Eine andere Form von Opportunitätskosten, auf die hier nicht näher eingegangen wird, tritt auf, wenn knappe Ressourcen (z.b. finanzielle Mittel) für die Moorrenaturierung nicht mehr anderweitig eingesetzt werden können (Endres et al. 1991). Durch den Nutzenverzicht auf eine andere Verwendung entstehen Kosten. Damit stellen alle Kosten Opportunitätskosten und in Form der Opportunitätskosten einen Knappheitsindikator dar (UBA 2007).

Einkommensausfall

Mit der Wiedervernässung von Moorflächen wird eine Nutzung in bisheriger Weise, zumeist als Grünland, unmöglich. Durch die dauerhafte Überstauung ist eine Beweidung durch Tiere und das Befahren mit herkömmlichen landwirtschaftlichen Maschinen, wenn überhaupt, nur in Frostperioden möglich (Wichmann 2009 (c)). Daher darf angenommen werden, dass durch den Ertragsausfall und die zusätzlichen Kosten durch erschwerte Erntebedingungen Einkommensrückgänge zu verzeichnen sind (Meyer 2009; Schröder 2003). Entschädigungsansprüche begründen sich daher aus den Entzugs- oder Nutzungseinschränkungen einer Fläche (Kächele 1999, siehe zum Thema Verlagerung von Nutzung Kapitel 6.5.4).

Diese Annahme gilt nur, wenn davon ausgegangen wird, dass es sich nicht um Brachflächen oder um Grenzertragsstandorte ohne wirtschaftlichen Nutzwert handelt. Solche Niedermoorflächen gibt es aber durchaus, wie eingangs bereits erwähnt wurde. Allein in Mecklenburg-Vorpommern wird ihr Anteil konservativ auf 40.000 bis 80.000 ha geschätzt (Wichmann und Schäfer 2007). Auch Hofmeister (2006: 174) geht für viele Flächen von

„Opportunitätskosten der Inanspruchnahme von Null" aus. Wichmann (2009 (e): 122) stellt für ihre Kalkulation des Anbaus von Schilf und Rohrglanzgras als Energiebiomasse fest: „Es werden keine Opportunitätskosten berücksichtigt, da die auf den relevanten Flächen alternativen Produktionsverfahren (extensive Grünlandbewirtschaftung, Pflegenutzung, Naturschutzmaßnahmen) in prämienfreier Kulisse keine Gewinne, sondern Verluste erzielen". Zu beachten ist, dass hier nur von einer prämienfreien, d.h. einer rein volkswirtschaftlichen Perspektive gesprochen wird.

Im Umkehrschluss bedeutet dies, dass die Opportunitätskosten von der Produktivität der Fläche abhängen und in Gunstlagen entsprechend höher ausfallen.

Kächele (1999) gibt die folgenden Punkte an, die für Entschädigungszahlungen[67] beim Entzug von Flächen zu berücksichtigen seien: der Verkehrswert (Marktwert), der betriebliche Sonderwert[68], Schäden im Betrieb (heutige und zukünftige Ertragsverluste) und einige weitere Positionen (u.a. steuerliche Nachteile, Wiederbeschaffungskosten, Beratungskosten). Investitionen der Vergangenheit, z.B. für Maschinen oder Infrastruktur, werden nicht berücksichtigt (ibid.).

Da eine Erfassung aller Positionen häufig aufgrund fehlenden Detailwissens nicht möglich ist, lässt sich in solchen Fällen eine Beschränkung auf Verkehrsverluste und Erwerbsverluste rechtfertigen (Kächele 1999).

Erwerbsverluste resultieren in der Regel daraus, „dass der Ertragswert einer Fläche höher ist als der Verkehrswert" (ibid.: 61). „Der Erwerbsverlust bei Flächenentzugs- bzw. Nutzungsbeschränkung ist aus dem Grenz-Ertragswert der Fläche zu bestimmen, dieser wird mit Hilfe des Deckungs-

---

[67] Entschädigungen gründen im Gegensatz zu Schadensersatz auf objektiven Kriterien (vgl. Kächele 1999).

[68] „Der Sonderwert umfasst die direkten Schäden sowie Schäden, die an angrenzenden Flächen entstehen z.B. durch Anhebung des Wasserpegels" (Kächele 1999: 61).

beitrags (Differenz zwischen Erlösen und variablen Kosten) abgeleitet" (ibid.: 88).

Ein Renaturierungsprojekt im Peenetal kommt auf einen Einkommensverlust für Grasland von 489.000 € Gegenwartswert (Diskontierung 30 Jahre) bei einer Niedermoorfläche von 509 ha (Schägner 2008, 2009 (a)). Dies entspräche einem Gegenwartswert von etwa 1.000 € ha^{-1}. Da die landwirtschaftlichen Erträge je nach Bedingungen höchst unterschiedlich sind, sind auch die Einkommensverluste sehr variabel (ibid.).

Einen weiteren Hinweis auf die Kosten der Flächenaufgabe bzw. Nutzungsbeschränkung können indirekte Zahlungen liefern. Im Rahmen der Erstaufforstungsprämie auch für Schwarzerlen auf Niedermooren (siehe Kapitel 5) zahlt das Bundesland Mecklenburg-Vorpommern Landwirten für „aufforstungsbedingte Einkommensverluste" 322 € ha^{-1} a^{-1} (über einen Zeitraum von maximal sechs Jahren) (Ministerium für Landwirtschaft, Umwelt und Verbraucherschutz Mecklenburg-Vorpommern 2007: 2f). Voraussetzung sei, dass die Flächen dauerhaft der Landwirtschaft entzogen werden (ibid.).

Einen weiteren indirekten Hinweis auf den Einkommensverlust durch faktische Nutzungsaufgabe liefern die Kosten für die Pacht oder den Ankauf der Flächen (siehe vorheriges Unterkapitel).

Infrastrukturschäden

Die Niedermoorflächen in Deutschland sind zumeist schon seit Jahrzehnten entwässert. Dem entsprechend ist davon auszugehen, dass die Infrastruktur an die Gegebenheiten angepasst ist (Dehnhardt et al. 2008). Mit einer Überflutung der Flächen können möglicherweise Schäden an Straßen, Häusern und ähnlichem einhergehen, die zu Kosten führen, aber schwer zu verifizieren sind (ibid.; Schägner 2009 (b)).

6.4.3 Zwischenfazit

In Zuge einer Renaturierung fallen Kosten an, die in ihrem zeitlichen Auftreten und ihrer Häufigkeit höchst asymmetrisch verteilt sein können.

Auch wenn Wiedervernässungsmaßnahmen häufig auf den Ankauf von Flächen setzen, erscheint dies für eine generelle Umsetzung, außerhalb von Modellvorhaben, nicht mehr möglich. Paludikulturen erfordern, im Gegensatz zu reinen „Stilllegungsprojekten", eine fachgerechte Bewirtschaftung durch den Landwirt. Dies könnte mit speziell ausgerichteten Agrarumwelt- oder Naturschutzprogrammen erreicht werden.

Des Weiteren ergeben sich wichtige Einsichten zu den möglichen Opportunitätskosten. Zentral ist die Erkenntnis, dass diese indirekten Kosten entscheidend von der bisherigen Nutzung abhängen. Handelt es sich um Brachflächen, liegen die Einkommensausfälle entsprechend bei Null. Nur wenn die Moorfläche bewirtschaftet wird, kann es zu Einkommensrückgängen kommen. Wie hoch diese sind, ist jedoch vom Einzelfall abhängig. Sicher ist aber, dass es nur aus betriebswirtschaftlicher Sicht zu Opportunitätskosten kommt. Aus volkswirtlicher Perspektive handelt es sich bei der Moorbewirtschaftung immer um eine defizitäre Landnutzung.

6.5 Grundsätzliche Erwägungen

In Rahmen der Betrachtung bezüglich der Kosten-Effizienz-Analyse ist bereits deutlich geworden, dass mit ihr eine ganze Reihe grundsätzlicher Entscheidungen verbunden sind, die auf der Grundlage von Präferenzen und Bewertungen, zukünftiger Unsicherheiten und auf die Ausgestaltung und Anreize unseres Wirtschaftssystem zurückgehen. Eine Einschätzung ist dabei nur aufgrund des heutigen Wissens möglich. Dies kann gerade für Vorhaben, deren Umsetzung sich über lange Zeiträume erstreckt, wie beispielsweise Klima- und Biodiversitätsschutz, unzureichend sein (Vogel 2002). Da die Präferenzen zukünftiger Generationen nicht bekannt sind, sollte, soweit möglich, der Vorsorgegedanke gelten (BMBF 2005). Das gilt umso mehr für Schäden, die irreversibel sind.

Die wichtigsten Abwägungsfragen für eine Kosten-Effizienz-Analyse werden an dieser Stelle noch einmal ausführlich diskutiert, um die Schwierigkeiten einer Durchführung darzulegen. Dabei ist es nicht das Ziel, zu einer abschließenden Antwort zu gelangen, sondern aufzuzeigen, inwiefern viele Entwicklungen auf gesellschaftlichen Werturteilen, Aushandlungsprozessen und politischen Entscheidungen beruhen. In diesem Unterkapitel werden dazu Anregungen gegeben.

6.5.1 Baseline und Unsicherheiten

Es konnte gezeigt werden (siehe Kapitel 6.2), dass die Einschätzung zukünftiger Kosten und Nutzen mit einer ganzen Reihe von Problemen behaftet ist. Zwei weitere Punkte werden an dieser Stelle vertieft.

Baseline

Zunächst einmal geht es um die Frage, was als Referenz für eine Abschätzung von Nutzen gelten soll. Prinzipiell müssen zwei Situationen miteinander verglichen werden: die Entwicklung mit und ohne das betrachtete Vorhaben (Ellis et al. 2001; Hofmeister 2006). In dem hier untersuchten Fall ergeben „die Nettoänderungen der Kohlenstoffbestände der verschiedenen Kompartimente gegenüber der Ausgangssituation {...} die Senkenleistung eines Projektes" (Eberts 2004: 18). Das „was wäre wenn nicht" oder auch „business as usual"-Szenario wird allgemein als Baseline bezeichnet (Cames et al. 2001). Die hier getroffenen Annahmen der Baseline beruhen dabei auf einer Reihe von Annahmen und müssen immer hypothetisch bleiben (ibid.; Ellis et al. 2001).

Grundsätzlich hängen sie von bestimmten „driving forces" ab, wie beispielsweise dem zukünftigen Wirtschaftswachstum, dem Bevölkerungswachstum, dem technischen Fortschritt oder dem Energiebedarf (Ellis et al. 2001; Michaelis 1996).

Die Erstellung eines Baseline-Szenarios ist trotz des hypothetischen Charakters notwendig (Cames et al. 2001), da nur so eventuelle Emissionsminderungen zertifiziert werden können. Hilfreich können hier standardisierte Verfahren sein: „Standardising baselines, methodologies or individual parameters would help to ensure consistency in the treatment of similar projects in similar circumstances. Standardisation would provide a high degree of transparency in baseline determination and could also, if developed by independent experts, limit the level of gaming/free riders" (Ellis et al. 2001: 4). Darüber hinaus können standardisierte Verfahren die Transaktionskosten senken (ibid.).

Bei Moorschutzprojekten wird als klimatische Baseline zumeist der Zustand vor der Renaturierung erhoben (Couwenberg et al. 2008). Die Differenz zwischen den erhobenen Emissionen nach Projektabschluss und den Emissionen des Baseline-Szenarios ergibt die vermiedenen Emissionen. Mit dem in Kapitel 6.3.1 gezeigten GEST-Modell können sowohl die Emissionen vor der Wiedervernässung (ex post) als auch die erreichte Reduktion (ex ante) berechnet werden (Couwenberg et al. 2008).

Soll ein Bewertungsrahmen außer für die Kohlenstofffestlegung auch für andere ökologische Leistungen geschaffen werden, so gestaltet sich der Prozess deutlich schwieriger. Als Beispiel sei hier die Biodiversität genannt. Wie eingangs dargestellt, definieren die Vereinten Nationen Biodiversität als die Vielfalt innerhalb (genetische Vielfalt) und zwischen den Arten (Artenvielfalt) sowie zwischen den Lebensräumen (Ökosystemen) (UNEP 2008).

Doch was bedeutet überhaupt Vielfalt, und ist mehr Vielfalt immer positiv? Wie soll die subjektive Wertschätzung quantitativ gemessen werden? Welche Bewertungen ergeben sich daraus? Zählt der Nutzen für den Menschen, der Beitrag für die Stabilität und Produktivität von Ökosystemen oder hat die Natur von sich aus einen Wert (intrinsisch) (siehe für eine detaillierte Darstellung u.a. Baumgärtner 2003; Christie et al. 2007).

Deutlich wird, welche zentralen Fragen für eine Bewertung im Vorfeld grundsätzlich zu beantworten sind, um zu einer Aussage darüber zu kommen, ob sich die biologische Vielfalt durch eine Revitalisierung von Moorstandorten erhöht hat. Nur wenn das gegeben ist, kann an eine viel geforderte leistungsgerechte Honorierung gedacht werden (Hampicke 1996).

Unsicherheit

Ein weiterer, damit eng verknüpfter Aspekt besteht in Bezug auf Unsicherheiten über die Eintrittswahrscheinlichkeit zukünftiger Entwicklungen[69] (Kächele 1999). Unsicherheiten basieren auf den unterschiedlichsten Einflussgrößen und der Art des zu bewertenden Projektes, u.a. der Entwicklung des Zinssatzes, der wirtschaftlichen Lebensdauer von Projekten, der Inflationsrate, relativen Preisverschiebungen, Wetterverhältnissen, Katastrophen, Schädlingen, dem Klimawandel etc. (vgl. Barthelmes et al. 2005; Dehnhardt 2008).

In Kapitel 6.2 ist bereits angeklungen, dass es für die Festlegung einer Diskontrate wichtig ist, den Bewertungszeitraum eines Projektes und dessen Kosten und Nutzen zu kennen. Aufgrund der Unsicherheit über zukünftige Nutzen und Präferenzen neigt der Mensch dazu, einen heutigen Nutzen höher zu bewerten als einen zukünftigen. Dies gilt insbesondere, wenn der Nutzen nicht für die eigene Generation anfällt (Hampicke 1992). Damit stellt die Höhe der Diskontrate auch einen Ausdruck der Unsicherheit dar. Für den Investor erscheint seine Investition dann sinnvoll, wenn die Rendi-

---

[69] Siehe für eine tiefer gehende Darstellung der Thematik „Umwelt und Unsicherheiten" z.B. Sigel (2007).

te des Projektes höher ist als die Marktzinsen. D.h. der Nutzen aus dem Renaturierungsprojekt müsste höher sein als der einer Opportunität.

Über den zukünftigen Nutzen der Investition bestehen Unsicherheiten (Kächele 1999). Auf den Landwirt kommen schwer kalkulierbare Risiken beispielsweise in den Bereichen Futterqualität, Landtechnik, Arbeitsorganisation und Einnahmen zu (Landesamt für Natur und Umwelt Schleswig-Holstein 2002).

Dies gilt umso mehr bei den forstlichen und landwirtschaftlichen Produktionsverfahren, bei denen die „Kosten für Bestandsbegründung, Pflege usw. sofort und die Erlöse erst in der Zukunft anfallen" (Kowatsch et al. 2008: 15). Hier ist die Investitionsschwelle hoch und die „Umorientierung der Flächennutzung für den Unternehmer {...}, eine kritische Entscheidung" (Dahms 2009: 121).

Dazu trägt außerdem bei, dass es sich hier um eine irreversible Veränderung der Fläche handelt, was zukünftige Nutzungsoptionen einschränkt (Kowatsch et al. 2008). Bei einer Umwandlung in Wald gilt dies noch mehr als bei anderen Paludikulturen.

Die Umstellung einer Produktion, z.B. auf eine moorschonende Anbauweise, geht also immer mit Unvorhersehbarkeiten einher. Dies kann das Wachstum und die Erträge der neuen Anbaumethode betreffen, aber auch die notwendigen finanziellen Aufwendungen.

Gerade im Landwirtschafts- und Forstsektor hängt die betriebswirtschaftliche Rentabilität zudem zu großen Teilen von staatlichen Transferzahlungen ab. Da die EU-Agrarförderpolitik im stetigen Wandel ist, ist damit zu rechnen, dass sich spätestens 2013 im Zuge der Agrarreform die Kriterien der Förderung ändern werden (Holst 2009). Dies macht es Investoren, Projektträgern und/oder Landwirten schwer langfristig zu planen. Dies ist insbesondere der Fall, da im Rahmen einer Nutzungsumstellung umfangreiche

Investitionen in angepasste Landtechnik erforderlich werden können (Timmermann et al. 2009).

Gegenwärtig lässt sich die Einschätzung treffen, dass sich die Zahlungen in Zukunft weg von produktbezogenen Direktzahlungen hin zur Bindung an die Einhaltung von Umwelt-, Tierschutz- und Qualitätsvorschriften entwickeln werden (Auswärtiges Amt 2009). Damit konzentrieren sich die Unterstützungen mehr auf die so genannte zweite Säule der EU-Agrarpolitik (siehe Maas und Schmitz 2007).

Was die Erlöse aus dem Verkauf der Biomasse angeht, so lässt sich nur aufgrund von indirekten Verfahren eine Prognose abgeben. Die Erfahrungswerte der letzten Jahrzehnte zeigen einen steigenden Ressourcenverbrauch, und auch für die Zukunft ist aufgrund einer wachsenden Bevölkerung und einem steigenden Lebensstandard mit einem erhöhten Bedarf zu rechnen. Damit einher gehen steigende Preise bei fossilen Energieträgern, was auch die Preise für Biomasse steigen lassen dürfte (Joosten und Augustin 2006). Joosten und Augustin (2006) weisen zudem darauf hin, dass Biomasse zu einer Energieunabhängigkeit beitragen kann und somit einen (politischen) Wert hat, der sich nicht nur am Marktpreis festmachen lässt.

Um die Stabilität der Ergebnisse von Bewertungsverfahren trotz dieser Informationsdefizite zu überprüfen, werden so genannte Sensibilitätsanalysen durchgeführt (Dehnhardt 2008). Dies sind Berechnungen mit abweichenden Kalkulationsparametern (z.B. Zinssatz) und Kosten- oder Nutzenabschätzungen (ibid.). Auf diese Weise werden die kritischen Werte ermittelt, „bei denen sich die Vorteilhaftigkeit eines Projektes noch als stabil erweist" (ibid.: 48).

6.5.2 Volkswirtschaftliche versus betriebswirtschaftliche Sicht

Zumeist unterscheiden Bewertungsverfahren wie die KNA zwischen einer gesamtwirtschaftlichen (volkswirtschaftlichen) und einer einzelwirtschaftlichen (betriebswirtschaftlichen) Betrachtungsweise (Dehnhardt 2008). Im vorliegenden Fall wurde versucht beide Herangehensweisen darzustellen. Sie unterscheiden sich primär durch die Kostendefinition, d.h. welche Kostenarten einbezogen werden (ibid.).

Ein volkswirtschaftliches Referenzsystem geht von einem perfekten Markt aus (Kächele 1999) und rechnet mit den real anfallenden Kosten. Marktverzerrungen wie Subventionen, Steuern und Markteintrittsbarrieren bleiben außen vor (ibid.), soziale Kosten fließen mit ein (Dehnhardt 2008). Gelingt dies in perfekter Form, entsprechen also die Preise den Grenzkosten, wird von Effizienzpreisen gesprochen (Kapitel 4.1; Hampicke 2009).

Durch ihre vielfältigen volkswirtschaftlichen Nutzen ist eine naturnahe Moorbewirtschaftung, auch wenn für eine umfassende, monetäre Analyse teilweise noch die Instrumente fehlen, doch bereits als positiv zu bewerten (Wichmann 2009 (h)). Findet eine Honorierung der Leistungen von Mooren, z.B. durch einen Verkauf von Kohlenstoffdioxid-Zertifikaten statt, so ist auch bei durchschnittlichen Bedingungen ein volkswirtschaftlicher Erfolg möglich (Wichmann und Wichtmann 2009).

Betriebswirtschaftliche Analysen nehmen, im Gegensatz zu volkswirtschaftlichen, einen unvollständigen Markt als gegeben hin und beziehen alle Direktzahlungen oder Förderungen in die Berechnung mit ein (Kächele 1999). Das bedeutet auch, dass in diese Kalkulationen negative externe Effekte nicht einfließen, und sie somit nur ein unvollständiges Bild abgeben (Wichmann 2009 (a)). Wie in Kapitel 3 aufgezeigt, ist eine herkömmliche Moorbewirtschaftung nur unter betriebswirtschaftlichen Gesichtspunkten, also unter Einbeziehung der Subventionen rentabel.

6.5.3 Konflikte und Synergien der Nutzenstiftung

In den bisherigen Ausführungen ist deutlich geworden, wie differenziert Renaturierungsprojekte auf Moorstandorten zu betrachten sind. Der „Erfolg" hängt maßgeblich vom definierten Ziel ab, sei es nun die Erhöhung der biologischen Vielfalt, die positiven Auswirkungen auf den Klimaschutz, die Stabilisierung des Wasserhaushaltes oder die Schaffung landwirtschaftlicher Produkte. Einige dieser Nutzen stehen konträr, andere ergänzend zueinander.

Es gilt daher eine Festlegung der zu erwartenden „objektiven Kriterien" zu treffen (Hampicke 2005). Eine Abwägung monetär erfasster Kosten und Nutzen könnte diese Forderung erfüllen. Wie in Kapitel 6.1 gezeigt wurde, verbleibt nach Abzug aller Kosten der Nettonutzen. Der Grenznutzen einer gewählten Alternative sinkt dabei mit zunehmendem Umfang ihrer Nutzung (z.B. Moorfläche) (Hampicke 2005). Aus ökonomischer Sicht ist die optimale Flächenstruktur theoretisch dann erreicht, wenn der Grenznutzen aller Flächen gleich ist (ibid.). Dies setzt voraus, dass der Grenznutzen exakt zu berechnen ist, und dass sich die Nutzenstiftungen gegenseitig ausschließen. Dies ist jedoch nur bedingt der Fall.

Der Nutzenkonflikt zwischen Klima- und Naturschutz einerseits und der Landwirtschaft andererseits steht beispielhaft für das Problemfeld der öffentlichen Güter.

Sowohl beim Klima- als auch Naturschutz handelt es sich um ein globales Problem. Von einem Schutz (sozialer Nutzen) profitieren bzw. unter einer Verschlechterung leiden die Menschen international. Es stellen sich also volkswirtschaftliche Nutzen bzw. Kosten ein (Dahms 2009). Die Kosten für eine Beseitigung von Schäden oder eine Verbesserung des Zustandes treten aber auf nationaler oder regionaler Ebene auf (Thoroe und Dieter 2005).

Abb. 6.1. Bewertung von Nutzungsalternativen auf Niedermooren anhand ausgewählter Parameter (2 sehr positiv, 1 positiv, 0 neutral, -1 negativ, -2 extrem negativ)

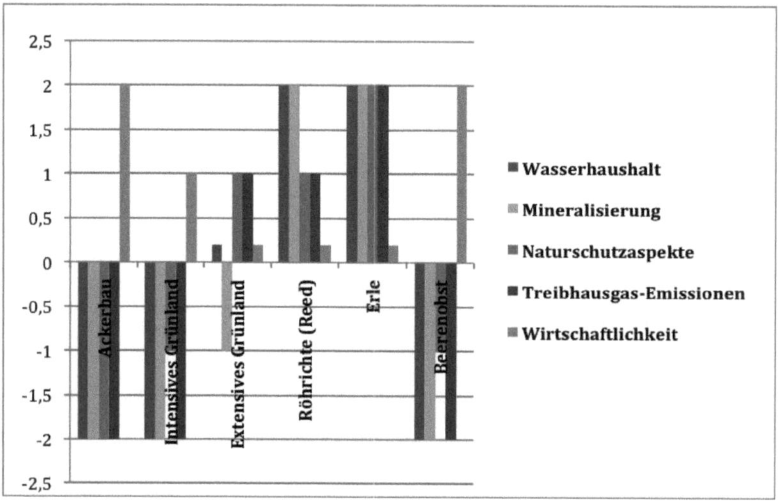

Quelle: Eigene Darstellung nach Kowatsch et al. (2008: 35).

In einer Untersuchung der „Nutzungsmöglichkeiten auf Niedermooren" haben Kowatsch et al. (2008) eine vereinfachte Analyse der bisher erprobten nachhaltigen Moornutzungsverfahren anhand folgender Parameter durchgeführt: Wasserhaushalt, Mineralisation, Naturschutzaspekte, Treibhausgas-Emissionen und Wirtschaftlichkeit (Abb. 6.1). Diese Analyse zeigt, dass einzig der Erlen- und Röhrichtanbau zu positiven Resultaten in allen Bereichen führt. Gleichzeitig wird jedoch auch deutlich, dass gerade bei diesen Nutzungsformen die betriebswirtschaftliche Rentabilität nahezu bei Null liegt. Zu beachten ist, dass bei der Wirtschaftlichkeitsanalyse keine finanziellen Fördermöglichkeiten berücksichtigt wurden.

Die Einbeziehung finanzieller Fördermöglichkeiten führt zu einer Veränderung der Wirtschaftlichkeit für die einzelnen Nutzungsmöglichkeiten (nicht aus Abb. 6.1. ersichtlich), diese spiegelt jedoch nicht den ökologischen

Nutzen wider (Kowatsch et al. 2008). Die Erlenholzproduktion kann von Fördermöglichkeiten wie der „Erstaufforstungsprämie" profitieren, für den Röhrichtanbau gibt es bislang keine Förderung (ibid.). Dies liegt u.a. daran, dass vernässte Flächen bisher als nicht bewirtschaftbar gelten und ihre Nutzung auch nicht finanziell gefördert werden kann (Schäfer 2005 (b)).

Abbildung 6.1 kann daher nur eine vereinfachte Aussage liefern. Auch Paludikulturen bringen negative Auswirkungen für das Ökosystem Moor mit sich. Diese kommen insbesondere durch einmalige und periodische Störungen (Erstumbruch und Bestandesbegründung bzw. Mahd und Biomassetransport), Bodenverdichtungen, Nährstoffentzug, ein verändertes Lichtklima und den geänderten Temperatur- und Wasserhaushalt zustande (Timmermann 2009 (b)). „Für eine umfassende, ökologische Beurteilung dieser Einflüsse müssen dabei einerseits unterschiedliche Phasen der Nutzung (Bestandsetablierung, Vernässung, Mahd und Abtransport), sowie andererseits verschiedene Kompartimente und Aspekte des Ökosystems betrachtet werden" (ibid.: 137).

Aus naturschutzfachlicher Perspektive kann deshalb nur auf eine möglichst späte Ernte, eine starke Vernässung sowie eine geringe Bodenbewegung und -verdichtung gedrängt werden (Timmermann 2009 (c)).

Das Beispiel der Erlenaufforstung zeigt, wie ein Kompromiss zwischen Klimaschutz, Biodiversitätsschutz und wirtschaftlichen Interessen möglich ist. Aus ökologischer und klimatischer Sicht wäre ein möglichst hoher Wasserpegel wünschenswert (Eberts 2004). Damit würden die Standorte einem naturnahen Zustand am nächsten kommen und der Nutzen im Sinne des Erhalts der biologischen Vielfalt und des Klimaschutzes wäre am größten (ibid.). Eine solche Maßnahme hätte allerdings die wirtschaftliche Rentabilität völlig außer Acht gelassen.

Der Anbau einer standortgerechten Pflanzenart wie der Schwarzerle und ein Wasserpegel, der eine Bewirtschaftung gerade noch zulässt, stellt einen guten Kompromiss der unterschiedlichen Interessen dar. So konnte durch sorgfältige Abwägungsprozesse ein tragbares Konzept entwickelt werden. Rein ökonomische Analysen können (bisher) nur sehr bedingt Antworten liefern.

6.5.4 Verlagerungseffekte

„Renaturierungen führen nicht notwendigerweise zur vollständigen Einstellung der zuvor im betreffenden Biotop ausgeübten Nutzung, sondern oft zu deren räumlichen Verlagerung" (Hampicke 2009: 446). Besteht weiterhin Bedarf an „vorher auf dieser Fläche produzierten Nahrungs- oder Futtermitteln {...}, kann deren Produktion umgesiedelt werden. Als Folge kann z.B. die Produktion auf bestehenden Ackerflächen intensiviert oder es können weitere Flächen als Acker- oder Weideflächen erschlossen werden" (Schubert et al. 2008: 180). Dieses Phänomen ist auch als indirekte Landnutzungsänderung (iLUC[70]) oder Leakage[71] bekannt (Fritsche und Wiegmann 2008).

Eine Zuordnung der Emissionen aus verlagerten Flächen ist äußerst schwierig und meist nur abzuschätzen, zumal sie meist räumlich und zeitlich versetzt stattfindet. Derzeit kann eine Berechnung nur anhand von Modellen vorgenommen werden (Fritsche und Wiegmann 2008). Der 'Wissenschaftliche Beirat der Bundesregierung globale Umweltveränderungen' (WBGU) hat in einem Gutachten über den Anbau von Biomasse das Phänomen des iLUC untersucht und den vom Öko-Institut e.V. Frei-

---

[70] Engl. indirect land-use change (iLUC)
[71] „Leakage bezieht sich auf verringerte Emissions-Reduktionen, wenn Landnutzung von wiedervernässten Flächen auf andere Flächen übergeht und dort zu erhöhten Emissionen führt" (Couwenberg et al. 2008: 26).

burg entwickelten iLUC-Faktor[72] herangezogen (Schubert et al. 2008). Dieser spiegelt „das theoretische Treibhausgas-Emissions-Potenzial durch indirekte Landnutzungsänderung" (ibid.: 181) in Relation zu den Emissionen durch direkte Landnutzungsänderung (dLUC)[73] wider.

Das theoretische Treibhausgas-Emissions-Potenzial berechnet sich aus der Kohlenstoffmenge, die auf den Flächen im Boden sowie in der oberirdischen Vegetation gebunden ist (Fritsche und Wiegmann 2008). Prinzipiell entspricht die CO_2-Bilanz der Verdrängung der direkten Landnutzungsänderung (ibid.).

Da nur ein Teil der theoretisch möglichen Flächen verlagert wird, beispielsweise da die Ertragssteigerung auf schon vorhandenen landwirtschaftlichen Flächen oder durch die Inbetriebnahme von Brachflächen vorgenommen wird, wird vom WBGU der Mittelwert von 50% des iLUC-Wert angenommen (Fritsche und Wiegmann 2008; Schubert et al. 2008). Der Maximalwert liegt bei 75%, der Minimalwert bei 25% der ursprünglichen Landfläche (Schubert et al. 2008). Für Moorstandorte darf davon ausgegangen werden, dass im Mittel ein Wert von 25% des iLUC-Faktors ausreicht, da es sich in der überwiegenden Anzahl der Fälle um Marginalflächen handelt, so dass es nicht generell zu einer Verlagerung kommt.

Die Abschätzung dieser indirekten Emissionen ist mit Unsicherheiten verbunden (Schubert et al. 2008), trotzdem hält der WBGU „die Berücksichtigung von Emissionen aus indirekten Landnutzungsänderungen bei der Bewertung der Klimaschutzwirkung von Bioenergienutzung für unverzichtbar" (ibid.: 182).

---

[72] Siehe Fritsche und Wiegmann (2008)
[73] Engl. direct land-use-change (dLUC). „Direkte Landnutzungsänderungen entstehen, wenn eine Fläche vor dem Anbau von Energiepflanzen durch eine andere Nutzung geprägt oder ungenutzt war" (Fritsche und Wiegmann 2008: 10).

Für Moorstandorte ist die iLUC-Problematik unbestritten vorhanden. Für den Abbau von Torf hat sich bereits gezeigt, dass sich, nachdem die mitteleuropäischen Bestände weitgehend ausgebeutet waren und die Naturschutzauflagen immer schärfer wurden, die Produktion nach Nordeuropa, ins Baltikum und nach Kanada verlagert hat (Couwenberg et al. 2008; Joosten o.J. (a)). Daher könnte es im ungünstigen Fall dazu kommen, dass trotz Renaturierung einer Fläche in Deutschland die globalen Emissionen steigen, da eine bislang unberührte Fläche anderswo in Nutzung genommen wird.

Da der Einsatz von Paludikulturen auf Moorstandorten hauptsächlich dem Biomasseanbau dient, können die Schlussfolgerungen des WBGU an dieser Stelle auch für eine Betrachtung wiedervernässter Moorstandorte herangezogen werden. Allerdings muss positiv vermerkt werden, dass durch den Einsatz von Paludikulturen der Druck verringert wird, auf anderen Flächen Energiepflanzen anzubauen (Timmermann et al. 2009).

Um aus klimapolitischer Sicht die Verlagerungsauswirkungen möglichst gering zu halten, rät der WBGU (siehe Schubert et al. 2008: 218) zur Nutzung „marginaler, insbesondere degradierter Flächen, bei denen die Umnutzung für den Energiepflanzenanbau zu einer Anreicherung von Bodenkohlenstoff" führt. Die durch die dLUC entgangene Senkenwirkung sollte die CO_2-Mengen nicht überschreiten, die in 10 Jahren gebunden werden können (Schubert et al. 2008). Waldflächen und Feuchtgebiete sollten für den Energiepflanzenanbau grundsätzlich nicht in Agrarland umgewandelt werden (Schubert et al. 2008). Couwenberg et al. (2008) empfehlen, bei der begründeten Erwartung starker Verlagerungseffekte gegebenenfalls ganz auf das Projekt zu verzichten.

Für zu revitalisierende Moorflächen treffen in der Regel beide Kriterien des WBGU zu, da es sich um marginale Standorte handelt, deren Wiederherstellung mit der Schaffung einer Treibhausgassenke einhergeht. Moorareale stellen unter diesen Gesichtspunkten vermutlich die am besten geeigneten Flächen für den Biomasseanbau dar. Auf ihnen ist eine landwirtschaftliche Produktion, wenn überhaupt, nur mit hohen Subventionen möglich, und eine standortgerechte Nutzungsänderung sowohl aus ökologischer (Kohlmaier 2001) als auch aus volkswirtschaftlicher Sicht sinnvoll.

Ein weiteres, aufgrund der vergleichsweise geringen Gesamtfläche der Moore in Deutschland aber zu vernachlässigendes Problem, ist, dass die nationale oder regionale Nahrungsmittelproduktion stärker zurückgeht. Dadurch würde die Abhängigkeit von Importländern steigen, und zusätzliche Treibhausgas-Emissionen aus dem Transport der Waren auftreten.

6.5.5 Anrechenbarkeit von Treibhausgas-Senken

Für den Schutz von Wäldern, Mooren und anderen Ökosystemen ist eine Honorierung aller von ihnen erbrachten Leistungen von großer Bedeutung (siehe Kapitel 4.1).

Mit dem Kyoto-Protokoll zur Klimarahmenkonvention existiert ein erstes rechtlich verbindliches internationales Abkommen (siehe für das Vertragsprotokoll BMU 2002) zur Begrenzung und Minderung von Treibhausgasen (Beese et al. 1998). Darin verpflichten sich die Industriestaaten (Annex-I-Staaten) zu einer Reduktion ihrer Treibhausgase im Verpflichtungszeitraum 2008 bis 2012 um 5% gegenüber 1990 (Schulte et al. 2001).

Artikel 3 Absatz 3 des Abkommens ermöglicht auch eine Anrechnung von Maßnahmen zur Reduktion von Quellen oder Schaffung von Senken durch „Aufforstung, Wiederaufforstung und Entwaldung seit 1990", wenn sie auf durch Menschen verursachte „Landnutzungsänderungen und forstwirtschaftliche Maßnahmen" (BMU 2002: 4) beruhen. Damit werden in begrenztem Maße auch biologische Senken und Quellen berücksichtigt. Der Landwirtschaftssektor blieb in den ursprünglichen Beschlüssen von 1997 unberücksichtigt (Beese et al. 1998), wurde aber schon kurze Zeit später in Artikel 4.3 und 4.4 mit einbezogen (Schulze et al. 2007). 2001 wurde in den so genannten Beschlüssen von Marrakesch auch die Anrechnung von Kohlenstoffsenken und -quellen möglich (ibid.). Zwar ist eine Anrechnung der Reduktion von Quellen und eine Schaffung von Kohlenstoffsenken im Kyoto-Protokoll prinzipiell möglich, sie ist aber mit einer ganzen Reihe von Problemen behaftet (Graßl et al. 2003; Kapitel 6.1). Im Folgenden werden nur die größten Unklarheiten skizziert (nach Beese et al. 1998; Graßl et al. 2003; Kohlmaier 2001):

1. Unzureichende Berücksichtigung der unterschiedlichen zeitlichen Dynamik der Kohlenstoffvorräte

2. Die Unwägbarkeiten terrestrischer Senken

3. Die Lebensdauer und Berechnung von Ernteprodukten aus Senken (z.B. Holz)

4. Nicht-Berücksichtigung von Bodenkohlenstoffvorräten bei Aufforstung und Wiederaufforstung

5. Mögliche Verlagerungseffekte durch fehlende Verpflichtungen von Entwicklungsländern

6. Bisher keine umfassende Anerkennung von Senken und Quellen.

Moore sind im LULUCF[74]-Sektor des Kyoto-Protkolls bis mindestens Ende 2012 unberücksichtigt, „obwohl hier Landnutzungsänderungen einen hohen Beitrag zur Reduktion der Emissionen klimarelevanter Gase leisten können" (Wichmann 2009 (g): 126).

Wäre eine Anrechnung beispielsweise im Zuge des Emissionshandels der Europäischen Union möglich, so könnten bei einer Treibhausgas-Reduktion von 15 t ha^{-1} und einem Durchschnittspreis von beispielsweise 10 € t^{-1} CO_2 Einnahmen von 150 € ha^{-1} generiert werden (Wichmann 2009

---

[74] Engl. Land-use, land-use-change and forestry.

(g)). Dies könnte die Rentabilität von Wiedervernässungsmaßnahmen erheblich verbessern.

Eine Honorierung der Kohlenstoffsequestrierung ist bereits heute auf freiwilligen Kohlenstoffmärkten möglich[75], in Form so genannter „carbon credits". „Diese sind zwar handelbar, jedoch derzeit nicht auf die im Rahmen des EU-Emissionshandels vorgegebenen Reduktionsziele anrechenbar" (Ministerium für Landwirtschaft, Umwelt und Verbraucherschutz Mecklenburg-Vorpommern 2009: 76). Dieser freiwillige Markt wird vorwiegend vom privaten Sektor genutzt und ist seit 2007 stark im Wachstum begriffen (Couwenberg et al. 2008).

Die größte Aufmerksamkeit als potentielle Kohlenstoffsenke und -quelle erhielt im Kyoto-Protokoll die Forstwirtschaft. Da auch Moore bewaldet sein können, wird auf diesen Punkt im Folgenden eingegangen.

Alle Veränderungen der Waldfläche müssen nach 1990 stattgefunden haben, Anpflanzungen oder Rodungen vor diesem Referenzjahr finden keine Beachtung (Beese et al. 1998; Kohlmaier 2001). Unter 'Aufforstungen' werden laut International Panel on Climate Change (IPCC) neue Pflanzungen auf Gebieten verstanden, auf denen „historisch" (50 Jahre) kein Wald existierte (Beese et al. 1998: 10). Unter 'Wiederaufforstung' wird das Anpflanzen von Wäldern auf Flächen verstanden, auf denen „historisch" Wälder vorhanden waren, die aber zwischenzeitlich anders genutzt wurden (ibid.: 10). 'Entwaldung' bezeichnet die Umwandlung von Wäldern in andere Nutzungsformen (IPCC 2000: 5).

Prinzipiell kann mit Waldbewirtschaftungsmethoden (z.B. Verlängerung der Umtriebszeit) die CO_2-Speicherkapazität in Wäldern erhöht werden (Schulte et al. 2001). Durch eine gemischte Altersstruktur der Bäume können Schwankungen bei der Kohlenstoffaufnahme ausgeglichen werden

---

[75] u.a. Verified oder Voluntary Emission Reductions (VER's)

(ibid.). Die deutschen Wälder haben derzeit noch einen Zuwachs zu verzeichnen, werden aber bis 2040 sehr wahrscheinlich die maximale Auf-
nahmekapazität erreicht haben (Kohlmaier 2001).

Bereits der WBGU hat in den oben angesprochenen Sondergutachten gefordert, dass spätestens sieben Jahre vor Ablauf des Verpflichtungszeit-
raumes (2012) Verhandlungen über ein Nachfolgeabkommen des Kyoto-
Protokolls aufgenommen werden sollten (Beese et al. 1998). Es ist äußerst
wichtig, dass die Verpflichtungszeiträume direkt aufeinander folgen. Ist
dies nicht der Fall, kann es zu Aktivitäten kommen, die hohe Treibhausgas-
Emissionen zur Folge haben, ohne dass diese in irgendeiner Form ange-
rechnet werden (ibid.). Wie in Kapitel 2 einführend dargelegt wurde, wurde
im Dezember 2011 in Durban beschlossen auf ein gemeinsames rechtliches
Klimaschutzabkommen hinzuarbeiten. Eventuelle Reduktionsziele würden
aber erst 2020 in Kraft treten.

6.5.6 Zwischenfazit

Viele grundsätzliche, oft auf ethischen Abwägungen basierende Aspekte
sind für eine Kosten-Effizienz-Analyse im Vorfeld zu klären. Die wichtigsten Punkte wurden in diesem Kapitel diskutiert.

Für eine Referenz der Treibhausgas-Emissions-Minderungen bei Mooren
dient unbestritten der Zustand ohne eine Renaturierung. Dafür erforderlich
ist auch eine Einschätzung der bisherigen Emissionen.

Dadurch, dass die Emissionsverminderungen bisher nicht Eingang in internationale Vereinbarungen wie das Kyoto-Protokoll gefunden haben, könnte
der Schluss nahe liegen, aus Gründen der Anrechenbarkeit als Treibhaus-
gas-Senke mit der Wiedervernässung von Mooren zu warten. Die Gefahr
besteht, dass als Baseline der Zeitpunkt der eventuellen zukünftigen Vereinbarung gilt. Damit würden alle zuvor geleisteten Reduzierungen nicht
gewertet. Hieraus wird die Dringlichkeit deutlich, einen zuverlässigen Re-

ferenzrahmen für die Anrechenbarkeit ökologischer Leistungen zu schaffen. Dies kann auch über europäische Agrarumwelt- oder Naturschutzprogramme geschehen. Außerdem sollte im Vorfeld einer Moorrenaturierung ausgelotet werden, ob die Emissionseinsparungen in Form von Zertifikaten auf freiwilligen Kohlenstoffmärkten zu handeln sind.

Auch wenn die politischen Rahmen gesetzt sind, bleibt die Entscheidung für eine Moorwiedervernässung inkl. standortgerechter Bewirtschaftung mit ökonomischen und ökologischen Risiken behaftet. Eine sorgfältige Vorbereitung und Voruntersuchung, eine komplexe Abwägung aller Einflussfaktoren und Wirkungen, eine Berücksichtigung der zeitlichen Rahmenbedingungen und möglicherweise eine Sensibilitätsanalyse stellen den besten Weg zur Minimierung von Risiken dar.

Ein oben immer wieder aufgezeigtes Problem ist die Differenz zwischen einer einzelwirtschaftlichen und einer gesamtwirtschaftlichen Betrachtungsweise. Damit agieren Landwirte zu ihrer eigenen Existenzsicherung gegen die Natur. Hier muss an einer leistungsbezogenen Vergütung gearbeitet werden, so dass annähernd Effizienzpreise erreicht werden. Im Kapitel 6.5.3 ist offensichtlich geworden, wie gegensätzlich die Ansprüche an das Ökosystem Moor z.T. sind. Dies liegt auch an der unterschiedlichen betriebswirtschaftlichen und volkswirtschaftlichen Kalkulation. Unabhängig von der Perspektive ist deutlich geworden, dass in der Gesamtberücksichtigung aller Parameter die Paludikulturen die günstigste Bewirtschaftungsform darstellen. Deshalb sollte ihnen in zukünftigen Moorschutzprojekten, die auch eine wirtschaftliche Nutzung der Moore anstreben, der Vorzug gegeben werden.

Eine Thematik, die zwar häufig in der Agrarpolitik diskutiert wird, aber bisher kaum Berücksichtigung bei Fragen von Moorschutz bzw. -bewirtschaftung gefunden hat, sind Nutzungsverlagerungstendenzen. Dies mag daran liegen, dass es sich bei bewirtschafteten Moorflächen häufig um Grenzertragsstandorte handelt. Wie gesehen, ist bei ihnen der Verlagerungseffekt prinzipiell am geringsten. Trotzdem sollten die durch iLUC entstehenden Treibhausgas-Emissionen berücksichtigt werden. Dies gilt umso mehr, sollte eine nachhaltige Moorbewirtschaftung in Zukunft Eingang in internationale und europäische Schutzkonzepte finden.

7. Fazit und Ausblick

Dieses Buch hat die Kosten-Effizienz-Analyse als Instrument zur Beurteilung der Niedermoorrevitalisierung eingehend untersucht. Eine Revitalisierung sollte demnach aus wirtschaftlicher Perspektive durch den Anbau von Paludikulturen – insbesondere von Erlen – vorgenommen werden. Hierzu wurde eine Analyse der wichtigsten bisherigen Forschungsarbeiten vorgenommen. Die Zusammenführung des aktuellen Forschungsstandes mit dem Schwerpunkt auf Deutschland ermöglicht es, grundlegende Resultate vorzustellen und die mit einer Analyse verbundenen Problematiken zu thematisieren. Dabei steht die Diskussion der Berücksichtigung unterschiedlicher Grundannahmen und Randbedingungen im Mittelpunkt.

Es wurde vor allem gezeigt, wie wichtig der Schutz von Feuchtgebieten im Allgemeinen und von Mooren im Speziellen ist. Das vorrangige Ziel sollte der Schutz natürlicher Feuchtgebiete sein. Restauration, wozu auch Wiedervernässung zählt, kann lediglich nachsorgend versuchen, bereits eingetretene Schäden abzumildern. Bei wiederhergestellten Mooren wird die klimatische Bilanz daher immer schlechter ausfallen als bei einem präventiven Schutz natürlicher Moore.

Aufgrund des hohen Anteils an anthropogener Nutzung von Moorflächen in Deutschland muss hier einer Revitalisierung ein hoher Stellenwert zukommen.

Eine wachsende Weltbevölkerung wird einen Anstieg der Nachfrage nach Nahrungsmitteln zur Folge haben. Zusammen mit sich wandelnden Ernährungsgewohnheiten in den aufstrebenden Schwellenländern und einem steigenden Bedarf an biologischen Energieträgern als Ersatz fossiler Treibstoffe wird der Druck auf potenzielle Agrarflächen zunehmen. Neben einer Intensivierung der Landwirtschaft werden auch brachliegende und unter

Schutz stehende Areale einer erhöhten Gefahr der Umwandlung in Nutzflächen unterliegen.

Um trotzdem Moorstandorte wieder in einen naturnahen Zustand zu versetzen, erscheint die Anpflanzung von Paludikulturen, im Gegensatz zu reinen Stilllegungsprojekten, die zielführendste Alternative zu sein. Durch den Anbau von biologischen Rohstoffen auf den Flächen wird andernorts der Druck vermindert Flächen umzuwandeln.

Der hier besonders behandelte Anbau von Schwarzerlen scheint dabei das bisher sowohl aus ökologischer Sicht als auch unter Berücksichtigung von Aspekten des Klimaschutzes nachhaltigste Verfahren zu sein (siehe Kapitel 6.5.3). Aber auch der Anbau von Rohrglanzgras oder Schilf bietet je nach Standortbedingungen ein nicht zu unterschätzendes Potential.

Eine Umsetzung von Wiedervernässungen inklusive eines Anbaus solcher Feuchtkulturen erfordert im Vorfeld eine sorgfältige Analyse der Standorteigenschaften. Je nach Degradationsstadium, Feuchtigkeitsgrad, Nährstoffgehalt, Topologie, klimatischen Verhältnissen usw. ist über die geeignete Anbauform zu entscheiden. Deshalb kann es bei einem so komplexen Ökosystem und einer so differenzierten Nutzung von Mooren keine einfachen Antworten und Handlungsempfehlungen geben.

Unabhängig von der gewählten Pflanzenart gilt es darüber hinaus andere Faktoren in der Bilanzierung zu berücksichtigen, insbesondere die indirekte Landnutzung, die Erntekosten, Emissionen durch Ernte und Transport und den Wirkungsgrad der Biomasseverfeuerung. Erst wenn auch diese Faktoren in eine Gesamtbilanz einfließen, kann eine Aussage über den Nettonutzen getroffen werden.

Die vorgestellten Instrumente, insbesondere das GEST-Modell, aber auch der erstmals auf Moorstandorten angewandte iLUC-Faktor, können eine

Entscheidung beschleunigen und die finanziellen Aufwendungen hierfür reduzieren.

Eine ökologisch erweiterte KNA kann bei dem Entscheidungsprozess für oder gegen eine Renaturierung helfen, sowohl die ökologischen Leistungen als auch den Schaden durch Treibhausgase monetär zu erfassen und somit die Kosten einer Renaturierung vergleichbar zu machen. Wie in Kapitel 6.1 skizziert, existiert diesbezüglich bereits eine Reihe von Arbeiten, die jedoch immer noch stark mit Unsicherheiten behaftet sind und sich zudem nicht mit Moorstandorten im Speziellen beschäftigen. Hier besteht in Zukunft weiterer Forschungsbedarf.

Im übrigen wird auch die umfassendste KNA nicht in der Lage sein, wirklich objektive Prognosen und Effizienzanalysen abzugeben, denn auch sie muss sich mit den hier diskutierten Grundsatzfragen, wie beispielsweise der Diskontierung oder der Finanzierung auseinander setzen. Zukünftige Entwicklungen und Präferenzen lassen sich nur anhand des uns vorliegenden Wissens abschätzen, so dass Unsicherheiten bestehen bleiben.

Die Forschungsdefizite im Bezug auf eine monetäre Erfassung ökologischer Leistungen zwingen zurzeit dazu, anstatt auf eine KNA auf die hier vorgestellte Kosten-Effizienz-Analyse zurück zu greifen, die den monetären Kosten einer Renaturierung die Treibhausgas-Einsparungen gegenüber stellt.

Um in Zukunft eine noch bessere Abschätzung des Nutzes von Moorrenaturierungen zu ermöglichen, bestehen noch eine Vielzahl offener Fragen – sowohl Hinblick auf die ökologischen Prozesse auf Moorstandorten als auch auf die ökonomischen Fragestellungen einer naturnahen Wiederherstellung.

Zu den ökologischen Prozessen ist Forschungsbedarf vor allem dahingehend zu identifizieren, wie Verfahren zu entwickeln sind, mit denen Methan-Emissionen bei Überstauungen, beispielsweise durch Entfernung der Biomasse, reduziert werden können. Auch ist nicht klar, wie sich auf längere Sicht der Nährstoffentzug durch die Ernte der Biomasse auf die Ertragslage auswirken wird. Zudem fehlen Langzeituntersuchungen zu den Treibhausgas-Emissionen nach einer Wiedervernässung der Moore.

Eine Verbesserung und Erweiterung des GEST-Modells könnte erreicht werden, wenn vor allem weitere Daten zu bestimmten Standorttypen (bewaldete Moore, Regenmoore u.a.) generiert werden.

Die Gründe für die ökonomischen Defizite liegen vorwiegend in fehlenden Märkten für diese spezifischen Güter und Ökosystemdienstleistungen. Für die Sequestrierung von Treibhausgasen könnte durch eine – nach den letztjährigen Klimaverhandlungen in Durban wieder wahrscheinlicher gewordene – zweite Verpflichtungsperiode des Kyoto-Protokolls zukünftig eine Honorierung möglich werden. Dies würde die Rentabilität der standortgerechten Moorbewirtschaftung stärken und zwar durch eine leistungsbezogene, d.h. ohne staatliche Subventionierung und/oder Vergütung. Hier wird insbesondere die Entwicklung und Ausgestaltung der zukünftigen internationalen Klimapolitik einen wichtigen Einfluss haben. Nächste Stationen sind hier die COP 18 in Katar, aber ausdrücklich auch die Konferenz der Vereinten Nationen für nachhaltige Entwicklung 2012 (Rio+20). Gerade in Rio wird die auch hier zentrale Kombination von Nachhaltigkeit, Klimaschutz und Biodiversität ganz oben auf der Agenda stehen.

Im Zuge dessen könnte so der politische Rahmen für eine bessere Planungssicherheit geschaffen werden. Oft ist die Unvorhersehbarkeit staatlicher Transfers der Grund für die Zurückhaltung privater Investoren bei der Revitalisierung von Moorflächen.

Klare, langfristige und aufgrund realer Leistungen ausgezahlte Förderungen bzw. Umverteilungen könnten sowohl zur Wirtschaftlichkeit als auch zu einem gerechteren System in der Landwirtschaft führen und damit die Allokation knapper Güter verbessern.

Sollte eine Honorierung von Leistungen im Rahmen internationaler Klima- oder Biodiversitätsschutzabkommen nicht möglich sein, so sollten sich sowohl Nieder- als auch Hochmoore in den Naturschutzbemühungen der gemeinsamen europäischen Agrarpolitik wiederfinden. Eine dem Moorschutz entgegen laufende Subvention, wie es in Teilen die Grünlandprämie ist, gilt es umzuwidmen. Alternativ könnte durch die Ausweitung der EU-Flächenprämie auf Moorstandorte der Subventionsanspruch mit anderen landwirtschaftlichen Flächen gleichgesetzt werden. Biomasseanbau auf Nassstandorten muss wie konventionelle Landwirtschaft förderfähig sein.

Aufgrund der jetzt vorliegenden wissenschaftlichen Erkenntnisse sollte die Politik aktiv werden, die Erlenaufforstung auf Niedermooren als standortgerechte Nutzungsalternative anzuerkennen und die Gesetzgebung entsprechend anzupassen.

Des Weiteren sollte bei Revitalisierungsprojekten im Vorfeld geklärt werden, ob eine Anrechnung der Treibhausgas-Emissionen auf freiwilligen Märkten möglich ist. Dieser Markt wächst aufgrund steigenden Interesses der Privatwirtschaft – ein Umstand, der möglicherweise eine Nachfrage nach Treibhausgas-Zertifikaten aus Moorrenaturierungen schafft. Ein erster Versuch wurde mit den so genannten „Moorfutures" in Mecklenburg-Vorpommern unternommen. Es ist derzeit jedoch noch offen, wie diese CO_2-Kompensationsmöglichkeit angenommen wird.

Mit diesem Buch haben wir grundlegende Forschungsergebnisse zusammengetragen, aufbereitet und damit verbundene Problematiken untersucht. Damit konnte die Grundlage für eine in einem nächsten Schritt in der Praxis und für ein konkretes Projekt durchzuführende Kosten-Effizienz-Analyse gelegt werden.

Literaturverzeichnis

Alle Onlinequellenangaben beziehen sich auf den Stand vom 07.07.2011

Allison, I., N.L. Bindoff, R.A. Bindschadler, P.M. Cox, N. de Noblet, M.H. England, J.E. Francis, N. Gruber, A.M. Haywood,, D.J. Karoly, G. Kaser, C. Le Quéré, T.M. Lenton, M.E. Mann, B.I. McNeil, A.J. Pitman, S. Rahmstorf, E. Rignot, H.J. Schellnhuber, S.H. Schneider, S.C. Sherwood, R.C.J. Somerville, K. Steffen, E.J. Steig, M. Visbeck, und A.J. Weaver (2009). The Copenhagen Diagnosis: Updating the world on the Latest Climate Science. The University of New South Wales Climate Change Research Centre (CCRC), Sydney, Australia.

Augustin, J. (2001). Emission, Aufnahme und Klimarelevanz von Spurengasen. In: Succow, M. und H. Joosten (Hrsg.). Landschaftsökologische Moorkunde. E. Schweizerbart'sche Verlagsbuchhandlung, Stuttgart, Deutschland, zweite Auflage: S. 28-36.

Augustin, J. (2003). Einfluss des Grundwasserstandes auf die Emission von klimarelevanten Spurengasen und die C- und N-Umsetzungsprozesse in nordostdeutschen Niedermooren. In: Stoffausträge aus wiedervernässten Niedermooren. Wissenschaftliches Kolloquium am 25. Februar 2002, Güstrow, Deutschland: S. 38-45.

Augustin, J. und B. Chojnicki (2005). Untersuchung des Einflusses der Rücküberstauung degradierter Niedermoorstandorte des Peenetals auf die Dynamik der Kohlenstoff-Umsetzungsprozesse und die Emission klimarelevanter Spurengase (CO_2, N_2O, CH_4). Kolloquium Landeslehrstätte für Naturschutz Mecklenburg-Vorpommern am 15. Dezember, Güstrow, Deutschland.

Auswärtiges Amt (2009). Die Gemeinsame Agrarpolitik (GAP). http://www.auswaertiges-amt.de/diplo/de/Europa/Aufgaben/ Landwirtschaft.html

Bahrs, E. (2003). Untersuchungsbereich Agrarsubventionen. Materialien aus der Screeningphase. Teilbericht im Rahmen des BfN-Forschungsprojektes Implementation von Naturschutz: Naturschutzstandards. Erstellt im Auftrag der Fachhochschule Darmstadt. Sonderforschungsgruppe Institutionenanalyse – Sofia.

Barthelmes, A., H. Joosten, A. Kaffke, I. Koschka, A. Schäfer, J. Schröder und M. Succow (2005). Erlenaufforstung auf wiedervernässten Niedermooren. ALNUS Leitfaden. Ernst-Moritz-Arndt-Universität Greifswald, Institut für Landschaftsökologie und Botanik.

Baumgärtner, S. (2003). Warum Messung und Bewertung biologischer Vielfalt nicht unabhängig voneinander möglich sind. In: Weimann, J., A. Hoffmann und S. Hoffmann (Hrsg.). Messung und ökonomische Bewertung von Biodiversität: Mission impossible? Reihe: Ökologie und Wirtschaftsforschung, Band 48. Metropolis-Verlag, Marburg, erste Auflage: S. 43-66.

Baumgärtner, S. und C. Becker (2008). Ökonomische Aspekte der Biodiversität. In: Lanzerath, D., J. Muthke, W. Barthlott, S. Baumgärtner, C. Becker und T.M. Spranger (Hrsg.). Biodiversität. Reihe: Ethik in den Biowissenschaften – Sachstandsberichte des DRZE, Band 5. Verlag Karl Alber, Freiburg und München, Deutschland: S. 75-115.

Baumol, W.J. und W.E. Oates (1990). The theory of environmental policy. Cambridge University Press, Cambridge, UK, second edition.

Beese, F.O., K. Fraedrich, P. Klemmer, J. Kokott, L. Kruse-Graumann, C. Neumann, O. Renn, H. J. Schellnhuber, E.-D. Schulze, M. Tilzer, P. Velsinger und H. Zimmermann (1998). Die Anrechnung biologischer Quellen und Senken im Kyoto-Protokoll: Fortschritt oder Rückschritt für den globalen Umweltschutz? Bremerhaven, Deutschland. Bericht des Wissenschaftlichen Beirats der Bundesregierung Globale Umweltveränderungen.

Bergmann, L. und M. Drösler (2009). Die Bedeutung von Mooren als CO_2-Senken. Tagung am 25. Juni 2009. Schutzgebiete und Klimawandel – neue Herausforderungen für ein bewährtes Konzept. Technische Universität München, Deutschland.

BMBF – Bundesministerium für Bildung und Forschung (Hrsg.) (2005). BioTeam – Biodiversitätsforschung für die Anwendung. Förderinitiative im Rahmen des Programms „Forschung für die Nachhaltigkeit". Berlin, Deutschland.

BMU – Bundesministerium für Umwelt, Naturschutz und Reaktorsicherheit (2002). Protokoll von Kyoto zum Rahmenübereinkommen der Vereinten Nationen über Klimaänderungen. Berlin, Deutschland.

Bohn, U., G. Gollub, C. Hettwer, Z. Neuhäuslova, H. Schlüter und H. Weber (2003). Karte der natürlichen Vegetation Europas: 1:2500000. Bundesamt für Naturschutz (Hrsg.). BfN-Schriftenvertrieb im Landwirtschaftsverlag, Münster, Deutschland.

Bryne, A., B. Chojnicki, T.R. Christensen, M. Drösler, A. Freibauer, T. Friborg, S. Frolking, A. Lindroth, J. Mailhammer, N. Malmer, P. Selin, J. Turunen, R. Valentini und L. Zetterberg (2004). EU Peatlands: Current Carbon Stocks and Trace Gas Fluxes. CarboEurope-GHG Concerted Action – Synthesis of the European Greenhouse Gas Budget. Paper from Workshop in October 2003, Lund, Sweden.

Cames, M., A. Herold, M. Kohlhaas, K. Schumacher und C. Timpe (2001). Analyse und Vergleich der flexiblen Instrumente des Kyoto-Protokolls. Endbericht zum Gutachten „Instrumentenvergleich" für die Enquête-Kommission "Nachhaltige Energieversorgung unter den Bedingungen der Globalisierung und der Liberalisierung" des Deutschen Bundestages.

Cansier, D. (1996). Umweltökonomie, Gustav Fischer (UTB Taschenbuch) Stuttgart, Deutschland, zweite Auflage.

CBD – Convention on Biological Diversity (2001). The value of forest Ecosystems. Technical Series no. 4.

Christie, M., N. Hanley, J. Warren, T. Hyde, K. Murphy und R. Wright (2007). Valuing ecological and anthropocentric concepts of biodiversity: a choice experiments application. In: Kontoleon, A., U. Pascual und T. Swanso (Hrsg.). Biodiversity Economics: Principles, Methods and Applications. Cambridge University Press, Cambridge, UK: S. 343-368.

Climate Action Tracker (2011). Climate Action Tracker. http://www.climateactiontracker.org/

Couwenberg, J., J. Augustin, D. Michaelis, W. Wichtmann und H. Joosten (2008). Endbericht: Entwicklung von Grundsätzen für eine Bewertung von Niedermooren hinsichtlich ihrer Klimarelevanz. Studie im Auftrag des Ministeriums für Landwirtschaft, Umwelt und Verbraucherschutz Mecklenburg-Vorpommern. Institut für dauerhafte Umweltgerechte Entwicklung von Naturräumen der Erde (DUENE) e. V. und Institut für Botanik und Landschaftsökologie Ernst Moritz Arndt Universität Greifswald, Deutschland.

Dahms, T. (2009). Betriebswirtschaft aus Sicht der landwirtschaftlichen Erzeugung- Bestandsetablierung. In: Wichmann, S. und W. Wichtmann (Hrsg.). Bericht zum Forschungs- und Entwicklungsprojekt Energiebiomasse aus Niedermooren (ENIM): S. 117-122.

DBU – Deutsches Bundesstiftung Umwelt (2008). Zwischenbericht zum Forschungs- und Entwicklungsprojekt Energiebiomasse aus Niedermooren (ENIM). Institut für Botanik und Landschaftsökologie Ernst Moritz Arndt Universität Greifswald, Deutschland.

Dehnhardt, A., J. Hirschfeld, D. Drünkler, U. Peschow, H. Engel und M. Hammer (2008). Kosten-Nutzen-Analyse von Hochwasserschutzmaßnahmen. Umweltbundesamt (Hrsg.). Forschungsbericht 31/08.

Dierßen, K. und B. Dierßen (2008). Moore. Verlag Eugen Ulmer, Stuttgart, Deutschland.

Döring, T. und D. Ewringmann (2004). Europäischer CO_2-Emissionshandel, nationale Gestaltungsspielräume bei der Vergabe von Emissionsberechtigungen und EU-Beihilfenkontrolle. Zeitschrift für Umweltpolitik und Umweltrecht (ZfU) 1: S. 27-46.

Drösler, M. und E. Veenendaal (o.J.). EU-wetlands: Hot spots for GHG-emission? http://www.bgc-jena.mpg.de/bgc-processes/ceip/conference/talks/4/4_droesler_veenendaal_s.pdf

Eberts, J. (2004). Ökonomie der Kohlenstoffsenken in der Forstwirtschaft - Analyse einer Aufforstung wiedervernässten Niedermoorgrünlandes mit Schwarzerlen. Diplomarbeit an der Ernst-Moritz-Arndt-Universität Greifswald. Deutschland.

Ellis, J., F. Missfeldt, M. Bosi und J. Painuly (2001). UNEP/OECD/IEA workshop on baseline methodologies. Possibilities for Standardised Baselines for JI and the CDM. Background paper.

Elsasser, P. (1996). Der Erholungswert des Waldes. In: Elsasser, P. und J. Meyerhoff (Hrsg.). Ökonomische Bewertung von Umweltgütern. Methodenfragen zur Kontingenten Bewertung und praktische Erfahrungen im deutschsprachigen Raum. Metropolis Verlag, Marburg, Deutschland: S. 227-244.

Endres, A., J. Jarre, P. Klemmer und K. Zimmermann (1991). Der Nutzen des Umweltschutzes- Synthese der Ergebnisse des Forschungsschwerpunktprogramms „Kosten der Umweltverschmutzung/ Nutzen des Umweltschutzes". Umweltbundesamt (Hrsg.). Forschungsbericht. Erich Schmidt Verlag Berlin, Deutschland.

EEX - European Energy Exchange (2012). EU Emission Allowances, Prices and Trading Volumes. http://www.eex.com/en/Market%20Data/Trading%20Data/Emission%20Rights/EU%20Emission%20Allowances%20|%20Spot/EU%20Emission%20Allowances%20Chart%20|%20Spot/spot-eua-chart/2012-03-09/0/0/a.

Feess, E. (1995). Umweltökonomie und Umweltpolitik. Verlag Vahlen, München, Deutschland, zweite Auflage.

Fritsche, U.R. und K. Wiegmann (2008). Treibhausgasbilanzen und kumulierter Primärenergieverbrauch von Bioenergie- Konversionspfaden unter Berücksichtigung möglicher Landnutzungsänderungen. Externe Expertise für das WBGU-Hauptgutachten "Welt im Wandel: Zukunftsfähige Bioenergie und nachhaltige Landnutzung".

Gans, O. und R. Marggraf (1997). Kosten-Nutzen-Analyse und ökonomische Politikbewertung. Wohlfahrtsmessung und betriebswirtschaftliche Investitionskriterien. Springer Verlag Berlin, Heidelberg und New York (TB), erste Auflage.

Gerken, B. (1983). Moore und Sümpfe: Bedrohte Reste der Urlandschaft. Verlag Rombach, Freiburg, Deutschland.

Global Carbon Budget (2010). The Global Carbon Project. Global Carbon Budget 2009. http://www.globalcarbonproject.org/carbonbudget/

Graßl, H., J. Kokott, M. Kulessa, J. Luther, F. Nuscheler, R. Sauerborn, H.-J. Schellnhuber, R. Schubert und E.-D. Schulze (2003). Über Kioto hinaus denken – Klimaschutzstrategien für das 21. Jahrhundert. Wissenschaftlicher Beirat der Bundesregierung Globale Umweltfragen (Hrsg.). Sondergutachten. Berlin.

Grobosch, M. (2003). Grundwasser und Nachhaltigkeit - Zur Allokation von Wasser über Märkte. Dissertation Eberhard-Karls-Universität Tübingen, Deutschland.

Hampicke, U. (1991). Naturschutz-Ökonomie. Verlag Eugen Ulmer, Stuttgart, Deutschland.

Hampicke, U. (1992). Neoklassik und Zeitpräferenz – der Diskontierungsnebel. In: Beckenbach, F. (Hrsg.). Die ökologische Herausforderung für die ökonomische Theorie. Metropolis Verlag, Marburg, Deutschland: S. 127-150.

Hampicke, U. (1996). Perspektiven umweltökonomischer Instrumente in der Forstwirtschaft insbesondere zur Honorierung ökologischer Leistungen. Statistisches Bundesamt. Materialien zur Umweltforschung 27: S. 1-164.

Hampicke, U. (2005). Aspekte aktueller und historischer Nutzung. Nutzungsalternativen der Landschaft und ihre Bewertung. In: Hampicke, U., B. Litterski und W. Wichtmann (Hrsg.). Ackerlandschaften. Nachhaltigkeit und Naturschutz auf ertragsschwachen Standorten. Springer Verlag, Berlin, Deutschland: S. 55-76.

Hampicke. U. (2009). Kosten der Renaturierung. In: Zerbe, S. und G. Wiegleb (Hrsg.). Renaturierung von Ökosystemen in Mitteleuropa-Synthese und Herausforderungen für die Zukunft. Spektrum Akademischer Verlag, Heidelberg, Deutschland: S. 441-457.

Hanley, N., J. F. Shogren und B. White (2001). Introduction to Environmental Economics. Oxford University Press, Oxford, UK.

Hanusch, H. (2004). Nutzen-Kosten-Analyse. 2. Überarbeitete Auflage, München, Deutschland.

Harmeling, S., C. Bals, K. Gerber, M. Treber, R. Schwarz, C. Hessling, L. Grießhaber, D. Rommeney, S. Kreft und A.O. Kaloga (2012). Ein unzureichender Durchbruch. Bewertung des Klimagipfels von Durban. Germanwatch (Hrsg.) Berlin, Deutschland.

Hauff, V. (Hrsg.) (1987). Unsere gemeinsame Zukunft. Der Brundtland-Bericht der Weltkommission für Umwelt und Entwicklung. Eggenkamp Verlag, Greven, Deutschland.

Hirschfeld, J., J. Weiß, M. Preidl und T. Korbun (2008). Klimawirkungen der Landwirtschaft in Deutschland. Schriftenreihe des IÖW 186/08: S. 1-203.

Hofmeister, F. (2006). Die Rückgewinnung von Feuchtgebieten als eine Lösung für aktuelle Umweltprobleme. Hemmnisse und Möglichkeiten. Dissertation Fakultät für Wirtschafts- und Sozialwissenschaften der Ruprecht-Karls-Universität Heidelberg, Deutschland.

Holst, H. (2009). Akzeptanz der nassen Bewirtschaftung von Mooren. In: Wichmann, S. und W. Wichtmann (Hrsg.). Bericht zum Forschungs- und Entwicklungsprojekt ENIM: S. 12-22.

Höper, H. (2007). Freisetzung von Treibhausgasen aus deutschen Mooren. In: Rowinsky, V. und V. Schweikle (Hrsg.). Bericht der Deutschen Gesellschaft für Moor- und Torfkunde, Bd. 37: S. 85-116.

IKZM – Integriertes Küstenzonenmanagement (2005). Moorschutzprogramm planmäßig umgesetzt. Küsteninformationssystem Odermündung (Hrsg.). Pressemitteilung Nr. 036/05.

IPCC – Intergovernmental Panel on Climate Change (2000). IPCC special report. Land-Use, Land-Use Change, and Forestry Summary for Policymakers.

IPCC – Intergovernmental Panel on Climate Change (Hrsg.) (2007). Klimaänderung 2007. Synthesebericht.

Jasper, J. und S. Twelemann (2005). Das europäische Emissionshandelssystem und seine Umsetzung in Deutschland: Eine kritische Betrachtung. Zeitschrift für Wirtschaftspolitik 3: S. 265-279.

Joosten, H. (ohne Jahr (a)). Moorschutz in Europa. Restauration und Klimarelevanz. In: BUND Landesverband Niedersachsen (Hrsg.). Moor in der Regionalentwicklung. Wagenfeld/Ströhen, Deutschland: S. 35 - 43.

Joosten, H. (ohne Jahr (b)). Moore und Klimaschutz. Uni-Greifswald International Mire Conservation Group. http://www.rettet-das-moor.de/pdf/moor_und_klimaschutz.pdf

Joosten, H. und J. Augustin (2006). Peatland restoration and climate: on possible fluxes of gases and money. Proceedings of the International Conference „Peat in" solution of energy, agriculture and ecology problems", Minsk, Belarus, May 29 – June 2, 2006: S. 412-417.

Joosten, H. und J. Couwenberg (2009). Are emission reductions from peatlands MRV-able? Wetlands International (Hrsg.). Produced for the UNFCCC meetings June 2009, Bonn, Germany.

Kächele, H. (1999). Auswirkungen großflächiger Naturschutzprojekte auf die Landwirtschaft. Ökonomische Bewertung der einzelbetrieblichen Konsequenzen am Beispiel des Nationalparks „Unteres Odertal". In: Agrarwirtschaft. In: Zeitschrift für Betriebswirtschaft, Marktforschung und Agrarpolitik, Sonderheft 163: S. 1-222.

Kessel, R. (2008). Renaturierung von Hochmooren und Auen- Ein Beitrag zur Umsetzung der Wasserrahmenrichtlinie und zum Klimaschutz. Mitteilungen aus der Alfred Toepfer Akademie für Naturschutz (NNA), 1/2008: S. 4-7.

Kohlmaier, G. (2001). Klimatische Aspekte: Aufforstung, Kohlenstoff-Waldmanagement und Brennholznutzung in der OECD. Wie bedeutsam ist der Beitrag zur CO_2-Minderung im Rahmen des Kyoto-Protokolls? In: Schulte, A., K. Böswald und R. Joosten (Hrsg.). Weltforstwirtschaft nach Kyoto. Wald und Holz als Kohlenstoffspeicher und regenerativer Energieträger. Shaker Verlag, Aachen, Deutschland: S. 48-72.

Konold, W. (2005). Aspekte aktueller und historischer Nutzung. Nutzungsgeschichte und Identifikation mit der Kulturlandschaft. In: Hampicke, U., B. Litterski und W. Wichtmann (Hrsg.). Ackerlandschaften- Nachhaltigkeit und Naturschutz auf ertragsschwachen Standorten. Springer Verlag, Berlin, Deutschland: S. 7-76.

Koska, I., A. Barthelmes und A. Kaffke (2003). Umweltgerechter Erlenanbau- ökologische Aspekte. Greifswalder Geographische Arbeiten 31: S. 55-63.

Kowatsch. A., A. Schäfer und W. Wichtmann (2008). Nutzungsmöglichkeiten auf Niedermoorstandorten. Umweltwirkungen, Klimarelevanz und Wirtschaftlichkeit sowie Anwendbarkeit und Potenziale in Mecklenburg-Vorpommern – Endbericht. Auftraggeber: Land Mecklenburg-Vorpommern, Ministerium für Landwirtschaft, Umwelt und Verbraucherschutz.

Küll, C. (2009). Grundrechtliche Probleme der Allokation von CO_2-Zertifikaten. Schriftenreihe Natur und Recht 10: S. 1-403.

Küpker, M., J.-G. Küppers, P. Elsasser und C. Thoroe (2005). Sozioökonomische Bewertung von Maßnahmen zur Erhaltung und Förderung der biologischen Vielfalt der Wälder. Arbeitsbericht- Bundesforschungsanstalt für Forst- und Holzwirtschaft und Zentrum Holzwirtschaft Universität Hamburg. Deutschland.

Landesamt für Natur und Umwelt Schleswig-Holstein (2002). Programm zur Wiedervernässung von Niedermooren. Kiel, Deutschland.

Maas, S. und P.M. Schmitz (2007). Gemeinsame Agrarpolitik der EU. In: Wirtschaftsdienst 87: S. 94-100.

Marggraf, R. und S. Streb (1997). Ökonomische Bewertung der natürlichen Umwelt. Theorie, politische Bedeutung, ethische Diskussion. Spektrum Akademischer Verlag Heidelberg, Berlin, Deutschland.

Marggraf, R., I. Bräuer, A. Fischer, S. Menzel, U. Stratmann und A. Suhr (Hrsg.) (2005). Ökonomische Bewertung bei umweltrelevanten Entscheidungen. Einsatzmöglichkeiten von Zahlungsbereitschaftsanalyse und Verwaltung. Ökologie und Wirtschaftsforschung. Metropolis Verlag, Marburg, Deutschland.

MEA – Millennium Ecosystem Assessment (2005). Ecosystems and human well-being: biodiversity synthesis. World Resources Institute (Hrsg.). Washington DC, USA.

Meyer, P. (2009). Wirksamer Schutz von Niedermooren in Nordwestdeutschland –Welchen Beitrag kann das DSS-WAMOS leisten? Präsentation Abschlussveranstaltung "DSS-WAMOS", am 24. April 2009, Berlin, Deutschland.

Meyerhoff, J. (1999). Ökonomische Bewertung ökologischer Leistungen - Stand der Diskussion und mögliche Bedeutung für das BMBF-Programm. „Ökologische Forschung in der Stromlandschaft Elbe". Studie im Auftrag der Bundesanstalt für Gewässerkunde. Berlin, Deutschland.

Michaelis, P. (1996). Effiziente Klimapolitik im Mehrschadstofffall. Eine theoretische und empirische Analyse. Kieler Studien. Institut für Weltwirtschaft an der Universität Kiel (Hrsg.). Verlag H. Siebert und J.C. B. Mohr. Tübingen, Deutschland.

Ministerium für Landwirtschaft, Umwelt und Verbraucherschutz Mecklenburg-Vorpommern (2009). Konzept zum Schutz und zur Nutzung der Moore. Fortschreibung des Konzeptes zur Bestandssicherung und zur Entwicklung der Moore in Mecklenburg-Vorpommern (Moorschutzkonzept).

Ministerium für Landwirtschaft, Umwelt und Verbraucherschutz Mecklenburg-Vorpommern (2008). Nutzungsmöglichkeiten auf Niedermoorstandorten – Umweltwirkung, Klimarelevanz und Wirtschaftlichkeit sowie Anwendbarkeit und Potenziale in Mecklenburg-Vorpommern. Endbericht.

Ministerium für Landwirtschaft, Umwelt und Verbraucherschutz Mecklenburg-Vorpommern (2007). Richtlinie zur Förderung forstwirtschaftlicher Maßnahmen im Rahmen der Gemeinschaftsaufgabe „Verbesserung der Agrarstruktur und des Küstenschutzes" (FöRiForst-GAK M-V). Verwaltungsvorschrift vom 14. August 2007.

Moog, M. (o.J.) Waldbewertung. Lehrstuhl für forstliche Wirtschaftslehre. http://www.fwl.wi.tum.de/fileadmin/Downloads/Master_Forst/ WBW_Vorlesung_I.pdf

Moser, T.A., A. Zabel, K. Bernath, P. Baur, A. Roschewitz, C. Beck und W. Zimmermann (2008). Inwertsetzung von Waldwerten und Waldleistung. Ergänzungsbeitrag zu COST Auktion E-45. Zürich.

Muthke, T. (2001). Benefit Transfers: Eine alternative zur primären Bewertung von Umweltgütern? In: Elsasser, P. und J. Meyerhoff (Hrsg.). Ökonomische Bewertung von Umweltgütern. Methodenfragen zur Kontingenten Bewertung und praktische Erfahrungen im deutschsprachigen Raum. Metropolis Verlag Marburg, Deutschland: S. 269-290.

Navarro, G. A. (2003). On 189 years of confusing debates over the König-Faustmann formula: analysis of the hidden assumptions in three different formulas and consequences for their applications to forest management. Remagen-Oberwinter und Kessel (Hrsg.). Schriften aus dem Institut für Forstökonomie der Universität Freiburg: S. 18.

Niedersächsisches Umweltministerium (Hrsg.) (2002). Niedermoore in Niedersachsen. Ihre Bedeutung für Gewässer, Boden, Klima und die biologische Vielfalt.

Oestern, G. und A. Roeder (2002). Management von Forstbetrieben. Band 1 Grundlagen, Betriebspolitik, zweite Auflage.

Ott, K. und R. Döring (2008). Theorien und Praxis starker Nachhaltigkeit. Metropolis Verlag Marburg, Deutschland, zweite Auflage.

Panell, D. J. und S.G. M. Schilizzi (2006). Economics and the future. Time and discouting in public and private decision making. Edward Elgar Publishing limited, Cheltenham, UK.

Parish, S., A. Sirin, D. Charman, H. Joosten, T. Minayeva, M. Silvius und L. Stringer (2008). Assessment on Peatlands, Biodiversity and Climate change. Main Report. Global Environment, Centre Kuala Lumpur and Wetlands International (Hrsg.).

Pearce, D., A. Giles, S. Mourato (2006). Cost-Benefit-Analysis and the Environment: Recent Developments. OECD (Hrsg.). Paris, France.

Peters, G.P, G. Marland, C. Le Quéré, T. Boden, J.G. Canadell, und M. R. Raupach (2012). Rapid growth in CO2 emissions after the 2008–2009 global financial crisis. Nature Climate Change 2: S. 2-4.

Pigou, A. C. (1912). Wealth and Welfare, London, UK.

Pigou, A. C. (1932). The Economics of Welfare. London, UK 1920 {1932}, vierte Auflage.

Plän, T. (1999). Ökonomische Bewertungsansätze biologischer Vielfalt-Tropenökologisches Begleitprogramm (TÖB). Deutsche Gesellschaft für Technische Zusammenarbeit (Hrsg.). Eschborn. Deutschland.

Pruckner, G. J. (2003). Was leistet die monetäre Bewertung in der Umweltpolitik? In: Beckenbach, F., C. Leipert, C. Meran, G. Minsch, J. Nutzinger, H.G. Pfriem, R. Weimann, J. Wirl und U. Witt (Hrsg.). Jahrbuch ökologische Ökonomik - Ökonomische Naturbewertung. Band 2. Marburg, Deutschland: S. 107-130.

RL 2003/87/EG – Richtlinie 2003/87/EG des europäischen Parlaments und des Rates vom 13. Oktober 2003 über ein System für den Handel mit Treibhausgasemissionszertifikaten in der Gemeinschaft und zur Änderung der Richtlinie 96/61/EG des Rates.

Rommel, K. (1998). Methodik umweltökonomischer Bewertungsverfahren. Kosten und Nutzen des Biospährenreservates Schorfheide-Chorin. Transfer Verlag Regensburg, Deutschland.

Roth, S., D. Koppisch, W. Wichtmann und J. Zeitz (2001). Moorschonende Grünlandnutzung – Erste Erfahrungen auf nordostdeutschen Niedermooren. In: Succow, M. und H. Joosten (Hrsg.). Landschaftsökologische Moorkunde, E. Schweizerbart'sche Verlagsbuchhandlung, Stuttgart, zweite Auflage: S. 472-480.

Rühs, M. (2004). Die Inwertsetzung ökologischer Leistungen der Landwirtschaft in der deutschen und europäischen Agrarpolitik- eine Wegbeschreibung. In: Döring, R. und M. Rühs (Hrsg.). Ökonomische Rationalität und praktische Vernunft. Gerechtigkeit, Ökologische Ökonomie und Naturschutz. Festschrift für Ulrich Hampicke. Verlag Königshausen & Neumann Würzburg: S. 275-306.

Sala, O. E. und J.M. Peruelo (1997). Ecosystem services in grasslands. In: Daily, G. (Hrsg.) Nature's services: societal dependence on natural ecosystems. Island Press, Washington DC, USA: S. 237-252.

Schäfer, A. (2003). Monetarisierung ökologischer Leistungen von Mooren. Greifswalder Geographische Arbeiten 31: S. 21-30.

Schäfer, A. (2004). Umwelt als ein knappes Gut – Ökonomisches Aspekte von Niedermoorrenaturierung und Gewässerschutz. Archiv für Naturschutz und Landschaftsforschung: S. 87-105.

Schäfer, A. (2005 (a)). ALNUS - Renaturierung von Niedermooren durch Schwarz-Erlenbestockung. In: Weigel, H. J. und U. Dämmgen (Hrsg.). Biologische Senken für atmosphärischen Kohlenstoff in Deutschland. Sonderheft 280. Bundesforschungsanstalt für Landwirtschaft (FAL), Braunschweig, Deutschland: S. 113-119.

Schäfer, A. (2005 (b)). Umweltverträgliche Erlenwirtschaft auf wieder vernässten Niedermoorstandorten. Beiträge für Forstwirtschaft und Landschaftsökologie 39: S. 165-171.

Schäfer, A. (2008). Erlenanbau auf wiedervernässten Mooren – eine ökonomisch und ökologisch sinnvolle Alternative. Seminar „Naturschutzgerechte Nutzung von Bruchwäldern" am 15. Mai 2008, Güstrow, Deutschland.

Schäfer, A. (2009). Moore und Euros – die vergessenen Millionen. Archiv für Forstwesen und Landschaftsökologie 43: S. 156-160.

Schäfer, A. (2010). Kosten-Nutzen-Szenarien und „Klima-Benefits" von Naturschutzmaßnahmen in Deutschland. In: Biodiversität und Klima – Vernetzung der Akteure in Deutschland VII. Ergebnisse und Dokumentation des 7. Workshops. Bundesamt für Naturschutz. BfN-Skript 274. Bonn-Bad Godesberg, Deutschland: S. 93-94.

Schäfer, A. und S. Degenhardt (1999). Sanierte Niedermoore und Klimaschutz – Ökonomische Aspekte. Archiv für Natur- und Landschaftsschutz 38: S. 335-354.

Schägner, J.P. (2008). Ökologische und ökonomische Bewertung unterschiedlicher Nutzungsmöglichkeiten renaturierter Moore. Tagung: Landnutzung und Klimaschutz. Potenziale in Landwirtschaft, Naturschutz und Bioenergieerzeugung. Plenum 2- Klimaschutzpotenziale von Mooren und Auenlandschaften, 19. November 2008, Berlin. Deutschland.

Schägner, J.P. (2009 (a)). Peatland restoration, a cost-effective measure for climate protection? An ecologically extended cost-benefit-analysis. Proceedings of the 13th International Peat Congress, 8-13 June 2008, Tullamore, Ireland.

Schägner, J.P. (2009 (b)). Moorrenaturierung als Klimaschutzmaßnahme. In: Ökologisches Wirtschaften, 2009/1. Schwerpunkt: Landnutzung und

Klimaschutz. Wie eine angepasste Bewirtschaftung zum Klimaschutz beitragen kann: S. 28f.

Schmidt, T. und B. Osterburg (2004). Berichtsmodul „Landwirtschaft und Umwelt" in den Umweltökonomischen Gesamtrechnungen - Konzept und beispielhafte Darstellung erster Ergebnisse. Bundesforschungsanstalt für Landwirtschaft (FAL), Arbeitsberichte des Bereichs Agrarökonomie, Braunschweig, Deutschland.

Schrautzer, J. und K. Jensen (1998). Quantitative und qualitative Auswirkungen von Sukzessionsprozessen auf die Flora der Niedermoorstandorte Schleswig-Holsteins. Zeitschrift für Ökologie und Naturschutz 7: S. 209-240.

Schröder, J. (2003). Forstwirtschaftliche Aspekte des Erlenanbaus auf Niedermooren: Das ALNUS Projekt in Mecklenburg-Vorpommern. Greifswalder Geographische Arbeiten: S. 65-73.

Schubert, R., H. J. Schellnhuber, N. Buchmann, A. Epiney, R. Grießhammerl, M.E. Kulessa, D. Messner, S. Rahmstorf und J. Schmid (2008). Welt im Wandel. Zukunftsfähige Bioenergie und nachhaltige Landnutzung. Wissenschaftlicher Beirat der Bundesregierung Globale Umweltveränderungen (Hrsg.).

Schulte, A. (2001). Weltfortwirtschaft und Klimawandel: Globale Trends und Interpendenzen. In: Schulte, A., K. Böswald und R. Joosten (Hrsg.). Weltforstwirtschaft nach Kyoto. Wald und Holz als Kohlenstoffspeicher und regenerativer Energieträger. Shaker Verlag Aachen, Deutschland.

Schulze, E.-D., A. Freibauer, F.C. Matthes, A. Herold, F. Wouters und N. Höhne (2007). Kyoto-Protokoll: Untersuchung von Optionen für die Weitentenwicklung der Verpflichtungen für die 2. Verpflichtungsperiode. Teilvorhaben „Senken in der 2. Verpflichtungsperiode". Umweltbundesamt (Hrsg.), Dessau, Deutschland.

Schwill, S. (2003). Wirkung von Wiedervernässung auf degradierten Niedermoorstandorten- eine Literaturstudie. In: Umweltministerium des Landes Mecklenburg-Vorpommern (Hrsg.). Stoffausträge aus wiedervernässten Niedermooren. Schriftenreihe des Landesamt für Umwelt, Naturschutz und Geologie, Heft 2: S. 10-27.

Shirvani, F. (2005). Die Richtlinie der EG über den Handel mit Emissionszertifikaten: Rechtliche Umsetzung eines umweltökonomischen Modells. Zeitschrift für Umweltpolitik und Umweltrecht (ZfU) 2: S. 155-192.

Siebert, H. (1978). Ökonomische Theorie der Umwelt, Tübingen, Deutschland.

Siebert, H. (1998). Economics of the Environment. Springer Verlag, vierte Auflage.

Siemer, J. P. (1999). Das Coase-Theorem: Inhalte, Aussagewert und Bedeutung für die ökonomische Analyse des Rechts. Literatur-Verlag Münster, Deutschland.

Sigel, K. (2007). Umweltprobleme und Unsicherheit. Eine konzeptionelle und empirische Analyse am Beispiel der EG-Wasserrahmenrichtlinie. Metropolis Verlag Marburg, Deutschland.

Siuda, C. (2002). Leitfaden der Hochmoorrenaturierung in Bayern. Bayerisches Landesamt für Umweltschutz (Hrsg.).

SRU – Sachverständigenrat für Umweltfragen (2008). Umweltgutachten 2008. Umweltschutz im Zeichen des Klimawandels, Hausdruck.

SRU – Sachverständigenrat für Umweltfragen (2009). Für eine zeitgemäße Gemeinsame Agrarpolitik (GAP). Stellungnahme. Berlin.

Strogies, M. und P. Gniffke (2009). Nationaler Inventarbericht zum Deutschen Treibhausgasinventar 1990 – 2007. Berichterstattung unter der Klimarahmenkonvention der Vereinten Nationen 2009. Umweltbundesamt (Hrsg.), Dessau, Deutschland.

Succow, M. (2001). Zur anthropogenen Veränderung der Moore- Kurzer Abriss der Nutzungsgeschichte mitteleuropäischer Moore. In: Succow, M. und H. Joosten (Hrsg.). Landschaftsökologische Moorkunde, E. Schweizerbart'sche Verlagsbuchhandlung, Stuttgart, zweite völlig neu überarbeitete Auflage: S. 404-406.

Succow, M. (2003). Moore der temperaten Landwaldzone- Funktionen, Schutz und umweltverträgliche Nutzung. Greifswalder Geographische Arbeiten 31: S. 13-19.

Succow, M. (2009). Grundsätze zukünftiger Moornutzung. Fachgespräch „Klimawandel und Naturschutz" am 17. Juni 2009, Kassel, Deutschland.

Succow, M. und H. Joosten (Hrsg.) (2001). Landschaftsökologische Moorkunde, E. Schweizerbart'sche Verlagsbuchhandlung, Stuttgart, zweite völlig neu überarbeitete Auflage.

Succow, M. und H. Stegmann (2001). Abiotische Kennzeichnung von Moorstandorten- Moorsubstrate. In: Succow, M. und H. Joosten (Hrsg.). Landschaftsökologische Moorkunde, E. Schweizerbart'sche Verlagsbuchhandlung, Stuttgart, zweite völlig neu überarbeitete Auflage: S. 75-85

Succow, M. und I. Koska (2001). Nutzung der Moore- Schutz der Moore- Aktuelle Erfordernisse. In: Succow, M und H. Joosten (Hrsg.). Landschaftsökologische Moorkunde, E. Schweizerbart'sche Verlagsbuchhandlung (Nägele und Obermiller) Stuttgart, zweite völlig neu überarbeitete Auflage: S. 471-472.

TEEB – The Economics of Ecosystems and Biodiversity. Synthesis Report Mainstreaming the Economics of Nature: A synthesis of the approach, conclusions and recommendations of TEEB.

Thompson, D. (2008). Carbon Management by Land and Marine Managers. Natural England Research Report. 26. Sheffield, UK.

Thoroe, C. und M. Dieter (2005). Möglichkeiten und Grenzen der Kohlenstoffsequestierung in der Forstwirtschaft aus ökonomischer Sicht. In: Weigel, H.J. und U. Dämmgen (Hrsg.). Biologische Senken für atmosphärischen Kohlenstoff in Deutschland. Sonderheft 280. Bundesforschungsanstalt für Landwirtschaft (FAL), Braunschweig, Deutschland: S. 7-14.

Timmermann, T. (2009 (a)). Halmgutartige Biomasse aus wiedervernässten Niedermooren- Biomasse- und Standortskatalog. In: Wichmann, S. und W. Wichtmann (Hrsg.). Bericht zum Forschungs- und Entwicklungsprojekt ENIM: S. 37-49.

Timmermann, T. (2009 (b)). Ökologische Beurteilung der nassen Bewirtschaftung von Niedermooren - Umwelt- und Naturschutzeffekte von Rohrglanzgras- und Schilfnutzung. In: Wichmann, S. und W. Wichtmann (Hrsg.). Bericht zum Forschungs- und Entwicklungsprojekt ENIM: S. 137-141.

Timmermann, T. (2009 (c)). Ökologische Beurteilung der nassen Bewirtschaftung von Niedermooren - Anforderungen an die Biomasseernte aufgrund naturschutzfachlicher Belange. In: Wichmann, S. und W. Wichtmann (Hrsg.). Bericht zum Forschungs- und Entwicklungsprojekt ENIM: S. 146f.

Timmermann, T., H. Joosten und M. Succow (2009). Restaurierung von Mooren. In: Zerbe, S. und G. Wiegleb (Hrsg.). Renaturierung von Ökosystemen in Mitteleuropa. Spektrum Akademischer Verlag: S. 55-93.

Trepel, M. (2008). Zur Bedeutung von Mooren in der Klimadebatte. Jahresbericht des Landesamtes für Natur und Umwelt des Landes Schleswig-Holstein 12: S. 61-74.

UBA – Umweltbundesamt (2009). CO_2-Emissionen nach Quellkategorien. http://www.umweltbundesamt-daten-zur-umwelt.de/ umweltdaten/public/theme.do?nodeIdent=2842

UBA – Umweltbundesamt (Hrsg.) (2007). Ökonomische Bewertung von Umweltschäden- Methodenkonvention zur Schätzung externe Umweltkosten. Dessau, Deutschland.

UNEP – United Nations Environment Programme (2008). The economics of ecosystems and biodiversity. An interim report. Topham, UK.

UNFCCC – United Nations Framework Convention on Climate Change (o.J.). Rahmenübereinkommen der Vereinten Nationen über Klimaänderungen. http://unfccc.int/resource/docs/convkp/convger.pdf

UNFCCC (2011). Decision 1/CP.16. The Cancun Agreements: Outcome of the work of the Ad Hoc Working Group on Long-term Cooperative Action under the Convention. UNFCCC. (FCCC/CP/2010/7/Add.1), http://unfccc.int/resource/docs/2010/cop16/eng/07a01.pdf#page=2.

Vogel, T. (2002). Nutzung und Schutz von Niedermooren. Empirische Untersuchung und ökonomische Bewertung für Brandenburg und Mecklenburg-Vorpommern. Dissertation Universität Hohenheim. Der andere Verlag Osnabrück, Deutschland.

Wagner, A. und I. Wagner (2003). Leitfaden der Niedermoorrenaturierung in Bayern. Bayerisches Landesamt für Umweltschutz (Hrsg.): S. 170

WBGU – Wissenschaftliche Beirat der Bundesregierung Globale Umweltveränderungen (2009). Kassensturz für den Weltklimavertrag – Der Budgetansatz. Sondergutachten. Berlin, Deutschland.

Wegener, G. (2001). Wald und Holz als Kohlenstoffspeicher und Energieträger: Chancen und Wege für die Forst- und Holzwirtschaft. In: Schulte, A., K. Böswald, R. Joosten. Weltforstwirtschaft nach Kyoto. Wald und Holz als Kohlenstoffspeicher und regenerativer Energieträger. Shaker Verlag Aachen: S. 113-122

Wichmann, S. (2009 (a)). Betriebswirtschaft aus Sicht der landwirtschaftlichen Erzeugung- Vergleich mit anderen Produktionsverfahren. In: Wichmann, S. und W. Wichtmann (Hrsg.) Bericht zum Forschungs- und Entwicklungsprojekt ENIM: S. 128-132.

Wichmann, S. (2009 (b)). Betriebswirtschaft aus Sicht der landwirtschaftlichen Erzeugung- Erhöhte Kosten bei der Gewinnung von Energiebiomasse aus Niedermooren. In: Wichmann, S. und W. Wichtmann (Hrsg.). Bericht zum Forschungs- und Entwicklungsprojekt ENIM: S. 111.

Wichmann, S. (2009 (c)). Betriebswirtschaft aus Sicht der landwirtschaftlichen Erzeugung- Ernte und Bergung. In: Wichmann, S. und W. Wichtmann (Hrsg.) Bericht zum Forschungs- und Entwicklungsprojekt ENIM: S. 111-117.

Wichmann, S. (2009 (d)). Betriebswirtschaft aus Sicht der landwirtschaftlichen Erzeugung- Lagerung und Transport zum Heizwerk. In: Wichmann, S. und W. Wichtmann (Hrsg.). Bericht zum Forschungs- und Entwicklungsprojekt ENIM: S. 117.

Wichmann, S. (2009 (e)). Betriebswirtschaft aus Sicht der landwirtschaftlichen Erzeugung- Gesamtkosten der Bereitstellung von Niedermoorbiomasse. In: Wichmann, S. und W. Wichtmann (Hrsg.). Bericht zum Forschungs- und Entwicklungsprojekt ENIM: S. 122-124.

Wichmann, S. (2009 (f)). Betriebswirtschaft aus Sicht der landwirtschaftlichen Erzeugung- Gestaltung erzielbarer Erlöse. In: Wichmann, S. und W. Wichtmann (Hrsg.). Bericht zum Forschungs- und Entwicklungsprojekt ENIM: S. 124-126.

Wichmann, S. (2009 (g)). Betriebswirtschaft aus Sicht der landwirtschaftlichen Erzeugung- Förderung: Niedermoorbiomasse als „Koppelprodukt". In: Wichmann, S. und W. Wichtmann (Hrsg.). Bericht zum Forschungs- und Entwicklungsprojekt ENIM: S. 126-128.

Wichmann, S. (2009 (h)). Betriebswirtschaft aus Sicht der landwirtschaftlichen Erzeugung- Fazit zur Wirtschaftlichkeit der NMB-Produktion. In: Wichmann, S. und W. Wichtmann (Hrsg.). Bericht zum Forschungs- und Entwicklungsprojekt ENIM: S. 132f.

Wichmann, S. (2009 (i)). Ökologische Beurteilung der nassen Bewirtschaftung von Niedermooren - Einschätzung der Klimarelevanz von Paludikulturen. In: Wichmann, S. und W. Wichtmann (Hrsg.). Bericht zum Forschungs- und Entwicklungsprojekt ENIM: S. 141-146.

Wichmann, S. und W. Wichtmann (Hrsg.) (2009). Bericht zum Forschungs- und Entwicklungsprojekt (ENIM). Universität Greifswald und DUENE e.V. Abschlussbericht an die DBU: S. 190.

Wichtmann, W. (2003). Verwertung von Biomasse von Niederungsstandorten. Greifswalder Geographische Arbeiten: S. 43-53.

Wichtmann, W. (2008). Standortgerechte Landnutzung auf wiedervernässten Niedermooren, Paludikultur. Präsentation bei Tagung: Landnutzung und Klimaschutz. Potenziale in Landwirtschaft, Naturschutz und Bioenergieerzeugung. Plenum 2- Klimaschutzpotenziale von Mooren und Auenlandschaften.

Wichtmann, W. und S. Wichmann (2009). Klärung übergeordneter Gesichtspunkte- Landtechnische Herausforderungen: vorhandene Lösungen und Entwicklungsbedarf. In: Wichmann, S. und W. Wichtmann (Hrsg.). Bericht zum Forschungs- und Entwicklungsprojekt ENIM: S. 23-34.

Wichtmann, W. und A. Schäfer (2007). Alternative Management Options for degraded fens– Utilisation of biomass from rewetted peatlands. In: Okruszko, T., E. Maltby, J. Szatylowics, D. Miroslaw-Swiatek und W. Kotowski (Hrsg.). Wetlands: Monitoring, Modelling and Management. Leiden, The Netherlands: S. 273-279.

Wichtmann, W., C. Couwenberg und A. Kowatsch (2009). Klimaschutz durch Schilfanbau. Standortgerechte Landnutzungsänderung auf wiedervernässten Niedermooren. In: ökologisches Wirtschaften, Schwerpunkt: Landnutzung und Klimaschutz 1: S. 25-27.

Wicke, L. (1993). Umweltökonomie. Eine praxisorientierte Einführung. Verlag Franz Vahlen München, Deutschland. vierte Auflage.

Witte, H., M. Weinberger und R. Willeke (1992). Umweltschutzmaßnahmen und volkswirtschaftliche Rentabilität. Umweltbundesamt (Hrsg.). Forschungsbericht. Erich Schmidt Verlag Berlin, Deutschland.

Yli-Petäys, M., J. Laine, H. Vasande und E.-S. Tuittila (2007). Carbon gas exchange of a re-vegetated cut-away peatland five decades after abandonment. Boreal environment research 12: S. 177-190.

Zeitz, J. (2003). Bodenphysikalische Veränderungen nach intensiver Nutzung sowie nach Wiedervernässung. In: Stoffausträge aus wiedervernässten Niedermooren 1. Landesamt für Umwelt, Naturschutz und Geologie M-V.: S. 28-37.

Zerbe, S, G. Wiegleb und G. Rosenthal (2009). Einführung in die Renaturierungsökolgie. In: Zerbe, S. und G. Wiegleb (Hrsg.). Renaturierung von Ökosystemen in Mitteleuropa- Synthese und Herausforderungen für die Zukunft. Spektrum Akademischer Verlag, Heidelberg: S. 1-21.

ibidem-Verlag

Melchiorstr. 15

D-70439 Stuttgart

info@ibidem-verlag.de

www.ibidem-verlag.de
www.ibidem.eu
www.edition-noema.de
www.autorenbetreuung.de